속이 뻥 뚫리는
친구 고민 상담소

속이 뻥 뚫리는 친구 고민 상담소

초판 1쇄 발행 2021년 12월 10일
초판 2쇄 발행 2023년 5월 17일

글 김민화
그림 시은경

펴낸곳 도서출판 개암나무(주)
펴낸이 김보경
경영관리 총괄 김수현　**경영관리** 배정은
편집 조원선 오누리 김소희　**디자인** 이은주　**마케팅** 김유정
출판등록 2006년 6월 16일　제22-2944호

주소 서울특별시 용산구 한남대로40길 19, 4층(한남동, JD빌딩) (우)04417
전화 (02)6254-0601, 6207-0603　**팩스** (02)6254-0602　**E-mail** gaeam@gaeamnamu.co.kr
개암나무 블로그 http://blog.naver.com/gaeamnamu　**개암나무 카페** http://cafe.naver.com/gaeam

© 김민화, 시은경, 2021
이 책의 저작권은 저자에게 있습니다. 저자와 출판사의 허락 없이 내용의 일부를 인용하거나 발췌하는 것을 금합니다.

ISBN 978-89-6830-695-2 73190

품명 아동 도서 | **제조년월** 2023년 5월 17일 | **사용연령** 8세 이상
제조자명 개암나무(주) | **제조국명** 대한민국 | **전화번호** 02-6254-0601
주소 서울특별시 용산구 한남대로40길 19, 4층(한남동, JD빌딩)

속이 뻥 뚫리는 친구 고민 상담소

김민화 글 · 시은경 그림

개암나무

차례

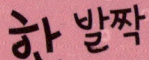

좋은 친구가 될 준비하기

- **Q1.** 어떤 사이를 친구라고 하나요? 12
- **Q2.** 친구가 많아야 좋은 건가요? 14
- **Q3.** 어떤 친구가 좋은 친구인가요? 16

 처음 만난 아이와 친구가 되고 싶을 땐 이렇게 해 봐요! 18

 좋은 친구는 타고나는 것이 아니라 길러지는 거래요. 20

친구에게 다가가기

- **Q1.** 꼭 내가 먼저 다가가야 하는 건가요? 24
- **Q2.** 용기 내서 다가갔는데 친구가 나를 거절하면 어떡해요? 26
- **Q3.** 친구 하고 싶지 않은 아이가 다가오면 어떻게 해야 하나요? 28
- **Q4.** 조건을 따지면서 친구를 사귀는 게 나쁜 건가요? 30
- **Q5.** 온라인에서 사귄 친구와 만나도 될까요? 32

 친구가 나를 거절했을 때 상처를 덜 받는 법 34

 친구와 친해지는 나만의 비밀 36

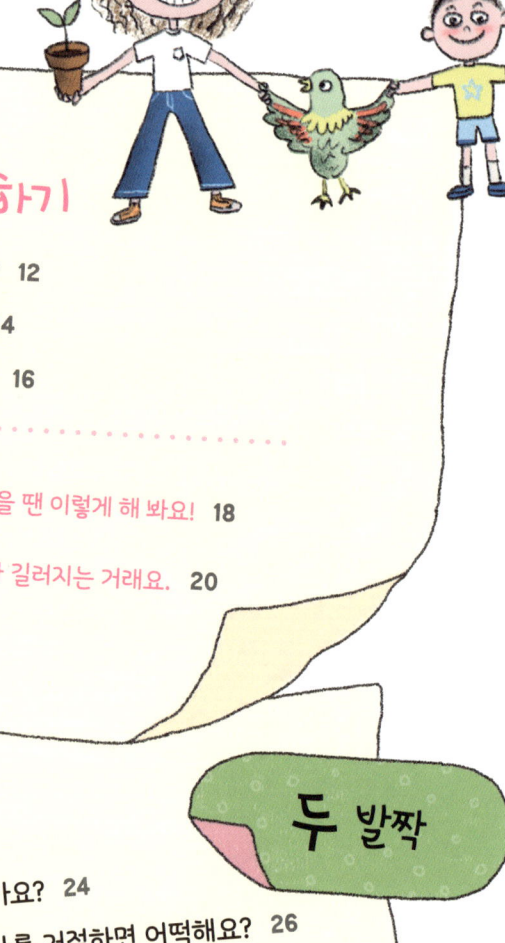

세 발짝

친구와 테트리스처럼 우정 쌓기

Q1. 친구와 무슨 얘기를 나누면 좋을까요? 40

Q2. 친구랑 더 가까워지고 싶어요. 42

Q3. 친구 따라 학원을 옮겨도 괜찮을까요? 44

Q4. 친구가 자꾸 땡땡이치자고 부추겨요. 46

Q5. 생일 파티에 누구를 초대해야 할까요? 48

Q6. 친구에게 받은 선물을 다른 친구에게 줘도 될까요? 50

Q7. 친구에게 어떻게 고마움을 표현해야 할까요? 52

Q8. 친구의 스킨십이 싫어요. 54

Q9. 친구가 울 때 어떻게 위로해 줘야 할까요? 56

Q10. 친구에게 내 마음을 다 보여 줘도 괜찮나요? 58

 친구와 채팅할 때도 지켜야 할 예절이 있어요! 60

 끼리끼리 친구인 이유 62

네 발짝

친구와 잘 싸우고 잘 화해하기

Q1. 내 친구니까 나랑만 놀아야 하는 거 아닌가요? 66
Q2. 뭐든지 나랑 똑같이 하는 따라쟁이 친구가 싫어요. 68
Q3. 입만 열면 거짓말하는 친구가 있어요. 70
Q4. 가끔씩 나만 친한 친구로 생각하는 것 같아요. 72
Q5. 친구들이 나를 따돌려요. 74
Q6. 친구들에게 괴롭힘당하는 친구를 도와줘야 할까요? 76
Q7. 친구가 부러워서 질투가 나요. 78
Q8. 친구가 자꾸 약속을 까먹어요. 80
Q9. 친구가 내 뒷담화를 하는 것 같아요. 82
Q10. 친구에게 절교하자고 말해도 될까요? 84

 친구가 다른 친구랑 어울려 서운한 마음이 들 땐 이렇게 해 봐요! 86

 어울리지 않는 것이 더 좋은 친구 관계도 있어요. 88

다섯 발짝

친구와 오래오래 우정 마라톤

Q1. 평생 친구란 어떤 친구일까요? 94

Q2. 친구가 싫증 나는데 어떡하죠? 96

Q3. 우정 템이 우정을 유지하는 데 도움이 될까요? 98

Q4. 말하지 않아도 내 마음을 알아줘야 진짜 친구 아닌가요? 100

Q5. 가끔씩 친구의 말에 혼자 상처를 받아요. 102

Q6. 자기 말만 하고 듣지 않는 친구가 있어요. 104

Q7. 친구의 친구가 좋은데 어떡하죠? 106

Q8. 친구의 단점을 내가 고칠 수 있을까요? 108

Q9. 친구에게 얼마만큼 거리를 두어야 적당한 건가요? 110

Q10. 친구와 멀어지지 않으려면 어떻게 해야 할까요? 112

 무조건 져 주는 게 좋은 친구는 아니에요. 114

 친구 때문에 웃기도 하고 울기도 해요. 116

작가의 말

세상을 얻으려면, 먼저 친구를 만드세요!

《삼국지》의 조조는 "천하를 얻으려면 먼저 사람을 얻어야 한다."라고 했어요. 알고 보면 그는 인재를 등용할 줄 알았던 훌륭한 전략가였지요. 겉으로 드러나는 조건보다는 실력으로 사람을 뽑았고, 자신이 뽑은 장수들을 잘 대접할 줄 알았죠. 또 잘못을 저지른 사람에게도 실수를 만회할 기회를 주었어요. 적장의 마음까지 사로잡을 정도로 사람을 귀하게 여겼다고 해요. 덕분에 수많은 사람들이 그와 함께 하고자 몰려왔지요.

친구 관계도 마찬가지예요. 좋은 친구를 사귈 수 있는 전략가가 된다면 즐겁고 멋진 생활을 할 수 있어요. 겉으로 보이는 조건만으로 친구를 판단하지 않고 친구가 가진 많은 장점들을 알아차릴 수 있어야 하지요. 친구를 존중하는 것은 물론이고 친구의 실수도 관대하게 바라볼 수 있다면 분명 주위에 좋은 친구들이 많이 생길 거예요. 좋은 친구들과 함께 한다면 참된 우정을 느낄 수 있고, 함께 하는 일들로 서로가 발전할 수 있지요.

그런데 좋은 친구를 사귀는 것이 말처럼 쉽지 않아요. 누가 '좋은 친구'인지도 판단하기 어렵거든요. 부모님이나 내가 생각하는 좋은 친구가 다른 것처럼, 친구들 사이에서도 좋은 친구를 판단하는 기준이 모두 다르기 때문이에요. 또 더 이상 친구로 지내고 싶지 않은 아이에게 어떻게 말해야 할지도 모르겠고, 누구에게 물어보고 싶어도 친구를 험담하는 나쁜 아이로 보일까 걱정이 앞설 거예요.

사실 친구 사이에는 수많은 일들이 일어나는데 그때마다 어떻게 해야 하는지 뾰족한 답을 찾지 못할 때가 많아요. 《속이 뻥 뚫리는 친구 고민 상담소》는 혼자서는 도저히 답을 찾을 수 없을 것 같았던 친구 사이에서 벌어지는 다양한 고민들을 해결할 수 있도록 돕는 책이에요.

　이 책은 "이렇게 하세요, 저렇게 하세요."라는 지시적 조언이 아니라 이런 해결 방법도 있다고 소개하고 있어요. 다시 말하면 여러분들이 생각하고 판단할 수 있도록 가이드 역할을 하지요.

　이 책에 제시한 조언들이 모두 정답은 아니에요. 즉, 여러분들이 생각하고 판단하는 게 더 중요하다는 말이지요. 신중하게 생각하고 판단을 내렸다면 그때 '행동'으로 옮기면 된답니다. 고민의 해결은 생각에 있는 것이 아니라 '실천'에 있으니까요. 조조가 "천하를 얻으려면 먼저 사람을 얻어야 한다."라는 말을 생각만 하고 실천하지 않았다면 자신을 위해 목숨까지 바치는 수많은 장수들을 곁에 두지 못했을 거예요. 여러분도 좋은 친구 관계를 만들려면 생각만 하지 말고 먼저 실천해 보세요. 여러 시행착오를 겪다 보면 자연스럽게 좋은 친구들이 다가와 함께 어울릴 것이고, 여러분은 친구 관계의 멋진 전략가가 되어 있을 거예요.

2021년 12월
여러분의 또 다른 친구, 김민화

한 발짝!
좋은 친구가 될 준비하기

좋은 친구를 만나고 싶다고요? 그렇다면, 누가 좋은 친구일까요?
나를 이해하는 친구, 나의 모든 것을 존중해 주는 친구를 좋은 친구로 여기지요.
내가 그런 친구일 수 있어요. 먼저 마음을 활짝 열어 손을 내민다면 말이지요.
준비됐나요? 좋은 친구들과 손잡을 준비 말이에요.

Q1. 어떤 사이를 친구라고 하나요?

아침마다 엄마는 "깨끗이 씻어라, 안 그럼 친구들이 싫어한다!"라는 잔소리를 해요. 공부할 때도 운동할 때도 못하면 친구들이 싫어한다고 다그쳐요. 심지어 밥 먹을 때도 편식하면 친구들이 싫어한다면서 골고루 먹으라고 협박해요. 대체 친구가 뭐길래 그렇게 눈치를 봐야 하는 거지요? 친구는 원래 그런 건가요? 친구가 싫어할까 봐 매번 조심해야 한다면 차라리 친구가 없는 편이 속 편할 것 같아요.

A1. 친구는 조건 없이 우정을 나누는 사이예요.

　친구는 가족이 아닌 사람과 가족처럼 깊은 정을 나누는 사이예요. 가족 간에 조건을 내세워 사랑을 주지 않는 것처럼 친구 사이도 조건을 내세우지 않아요. 나보다 조금 부족한 면이 있어도 나보다 훨씬 잘하는 게 있어도 그것을 인정해 주지요. 만약 가족이든 친구든 조건을 앞세우는 사람과는 건강한 관계를 맺지 못할 수 있어요.

　친구 관계는 꼭 또래 사이에서만 가능한 것은 아니에요. 나이, 성별, 인종 차이가 있어도 얼마든지 친구가 될 수 있어요. 사람이 아닌 동물과도 친구가 될 수 있지요. 서로를 특별히 생각하고 아낀다면 말이지요.

　친구 사이에는 예의가 필요해요. 아끼고 사랑하는 만큼 상대가 불편하지 않도록 배려해야 하죠. 엄마가 친구가 싫어하니 잘 씻으라고 하는 건 친구에게 예의를 지키라는 뜻일 거예요. 예의는 친구가 싫어할까 봐 억지로 하는 행동이 아니라 친구를 위해 스스로 지키는 행동이니까요.

Q2. 친구가 많아야 좋은 건가요?

저에게는 단짝 친구가 있어요. 학교도 같이 가고 학원도 같이 다녀요. 둘이서만 놀아도 정말 재미있어요. 그런데 어른들은 여럿이 어울려야 한다고 해요. 친구는 많을수록 좋다고요. 그래서 다른 친구들과 어울려 보려고 축구팀에도 들어가 보았지만 역시 단짝 친구와 둘이서만 노는 게 더 좋아요. 이런 제가 이상한가요? 어른들 말처럼 제가 사회성이 떨어지거나 리더십이 부족한가요?

A2. 숫자에 연연하지 말고 자유롭게 선택하면 돼요.

결론부터 이야기하자면 단짝 친구하고만 어울린다고 문제가 되지는 않아요. 여럿이 어울리는 것을 좋아하는 외향적인 사람이 있는 반면 혼자 조용히 시간을 보내는 것을 좋아하는 내향적인 사람도 있잖아요? 친구 관계를 맺는 방식에도 이런 개인차가 있을 뿐이에요. 적은 수의 친구와 깊은 관계를 맺는 것을 좋아하는 사람이 있는 반면 여러 명의 친구와 어울리는 것을 좋아하는 사람도 있지요. 또 어떤 사람은 친구의 의견을 따르는 게 좋은 반면 어떤 사람은 대장 역할을 하는 게 좋을 수도 있고요.

친구와 관계 맺는 방식은 개인의 선택이기 때문에 옳고 그름을 판단할 수 없어요. 서로의 차이를 이해하고 인정해 주는 것이 필요한 거죠. 조용한 것을 좋아하는 사람에게 왁자지껄한 모임에 나가라고 강요하는 건 폭력이나 다름없어요. 반대로 여럿이 모인 자리에서 앞에 나서는 것을 좋아하는 사람에게 얌전히 있으라고 하는 것도 힘든 일이고요. 친구 관계를 잘 맺는 것은 단순히 친구의 숫자를 늘리는 것이 아니라, 이런 차이를 인정해 주는 것이랍니다.

Q3. 어떤 친구가 좋은 친구인가요?

엄마가 자꾸 친하게 지내라고 하는 아이들이 있어요. 걔네는 공부뿐만 아니라 뭐든 잘해요. 엄마는 그런 친구들을 사귀어야 나도 잘될 거라고 하는데 걔네는 나한테 관심이 없어요. 걔네는 유치원 때부터 알고 지내던 사이라 제가 새로 끼어들 틈도 찾기 어려워요. 함께 어울려 보려고 노력해 봤지만 불편하기만 해요. 걔네가 정말 좋은 친구가 맞는 건가요?

저... 저기...
나도 좀 끼워 줄래?

A3. 나에게 좋은 친구가 진짜 좋은 친구예요.

흔히 '좋은 친구'가 어떤 친구냐고 물어보면 대부분 사람의 '특성'을 가지고 말해요. 돈이 많다거나 키가 크고 잘생겼다거나 공부를 잘한다거나 하는 것처럼요.

하지만 이런 특성을 가졌다고 나에게 좋은 친구인 건 아니에요. 좋은 친구는 서로의 '관계'를 통해 밝혀지거든요.

아무리 좋은 조건을 다 갖춘 친구라도 나와 진정한 친구로 관계 맺지 않는다면 소용없어요. 좋은 친구는 내 마음을 잘 알아주고 나를 진심으로 걱정해 주는 친구예요. 친구의 그런 마음을 알아차릴 때 '나는 참 좋은 친구를 가졌구나!' 깨닫는 거죠.

좋은 친구는 다른 사람이 만들어 주지 않아요. 부모님이라도 그렇게 못 해요. 내가 먼저 좋은 친구가 되어야 좋은 친구를 만날 수 있지요. 내가 더 많은 아이들에게 좋은 친구가 되어 줄수록 나에게도 좋은 친구가 점점 늘어날 거예요.

처음 만난 아이와 친구가 되고 싶을 땐 이렇게 해 봐요!

🔍 좋은 인상으로 다가가기

사람을 처음 만나면 생김새, 옷차림, 자세 같은 겉모습을 먼저 살필 수밖에 없을 거예요. 하지만 이것만으로 사람을 판단하지는 않아요. 대화를 나누면서 그 사람의 표정, 말투, 행동을 더 보지요.

처음 만나는 아이와 친해지고 싶다면, 나의 인상이 어떻게 비춰질까를 먼저 생각해 보아야 해요. 내가 호감이 갔던 사람의 표정이나 말투, 행동을 참고하면 좋겠지요?

친구에게 미소를 지어 보이세요. 과한 미소보다는 적당한 미소가 좋아요.

말을 걸 때는 눈을 맞추세요. 친구와 친해지고 싶은 마음이 전달될 수 있도록요.

차분하게 행동해요. 손을 꼼지락거리거나 다리를 떨면 불안해 보일 수 있어요.

하루 한 번 거울 앞에 서서 바른 자세와 밝은 미소를 연습해요.

질문으로 관심 보이기

좋은 인상을 남기는 법을 알았다면, 이제 말을 걸어 볼까요? 가볍게 친구의 옷 스타일이나 관심사에 대해 물으며 대화를 시작할 수 있어요. 이때 단점보다는 장점을 칭찬하는 것이 좋아요. 다만, 칭찬을 빈말로 하거나 거짓말을 해서는 안 돼요.

그다음은 훨씬 쉬워요. 친구의 답을 열심히 들어 주는 거예요. 그러다 보면 대화가 자연스럽게 이어지고 금세 친해질 거예요.

친구가 선호하는 것이나 관심사에 대해 묻고 장점을 칭찬해요.
"옷 색깔 정말 멋있다. 너 초록색 좋아하니?", "제일 좋아하는 게임이 뭐야?",
"넌 친구들과 잘 어울리는 걸 보니 성격이 참 좋은 거 같아."

친구의 답을 잘 들어 줘요.

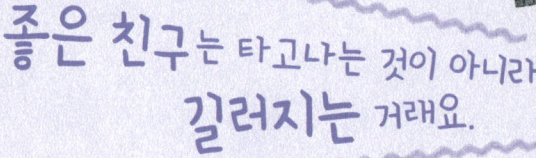

좋은 친구는 타고나는 것이 아니라 길러지는 거래요.

★ 좋은 친구의 공감 능력

좋은 친구는 다른 친구의 마음을 잘 알아주고 친구가 어려울 때 진심으로 걱정해 준다고 하지요. 그런데 그런 친구는 천성을 그렇게 타고난 것일까요?

만약 공감 능력의 차이를 잴 수 있는 '자'가 있다면, 자의 한쪽 끝에는 공감 능력이 전혀 없는 사람들이 있을 것이고 반대편 끝에는 공감 능력이 탁월해서 다른 사람의 마음을 잘 읽을 수 있는 사람이 있을 거예요.

공감 능력의 한쪽 극단에 있는 사람이 하루아침에 다른 한쪽 극단에 있는 사람처럼 변하는 일은 거의 일어나지 않아요. 다만 그 사이에 있는 사람들은 현재 위치에서 조금씩 자리를 이동하여 공감 능력을 키워 나가는 것이 가능하지요. 즉, 노력하면 공감 능력도 기를 수 있어요. 공감 능력을 짱짱하게 기르려면 어떤 노력을 해야 할까요?

- 친구의 상황을 민감하게 관찰하고 반응해요.
- 친구의 입장에서 바라보고 생각해요.
- 섣부른 판단이나 조언을 하기 전에 우선 친구의 말을 잘 들어 봐요.
- 친구의 상황을 살펴 칭찬과 위로의 말을 건네요.

이런 노력들을 하기 전에, 먼저 친구에게 일어난 일이나 친구의 감정 상태, 친구가 하고 싶어 하는 것들을 세심하게 살피는 정성을 들여 보세요. 정성 없이는 노력도 할 수 없거든요.

⭐ 공감 능력을 기르는 책 읽기

　다른 사람의 입장에 서는 것이 어떻게 가능할까요? 사람의 마음은 눈으로 볼 수도 없고 만질 수도 없고 직접 이야기를 들려주는 것도 아닌데 말이에요. 그래서 상상력이 필요해요. 다른 친구의 입장이 되어 이렇게 저렇게 생각해 보고 친구의 마음을 추측해야 하니까요.

　상상력을 키울 수 있는 최고의 방법은 책 읽기예요. 특히 동화는 다양한 인물들이 겪게 되는 사건과 갈등을 해결하는 과정에서 사람과 사람 사이에 대한 이해, 태도, 감정 등을 이야기로 들려주지요. 또 인물들의 이야기는 실제 삶 속에서 경험하고 있는 일들과 별반 다르지 않아요. 그렇기 때문에 동화를 읽으면 친구들의 이야기에 더 깊이 있게 공감할 수 있지요.

　좋은 친구를 만들어 가는 과정은 끝이 없어요. 친구 관계는 언제나 끊임없이 노력해야 하기 때문이에요. 책 읽기를 비롯하여 좋은 친구가 되어 가는 과정에서 경험한 여러 요소요소들이 좋은 친구 관계를 만들어 나가는 데 도움이 될 거예요.

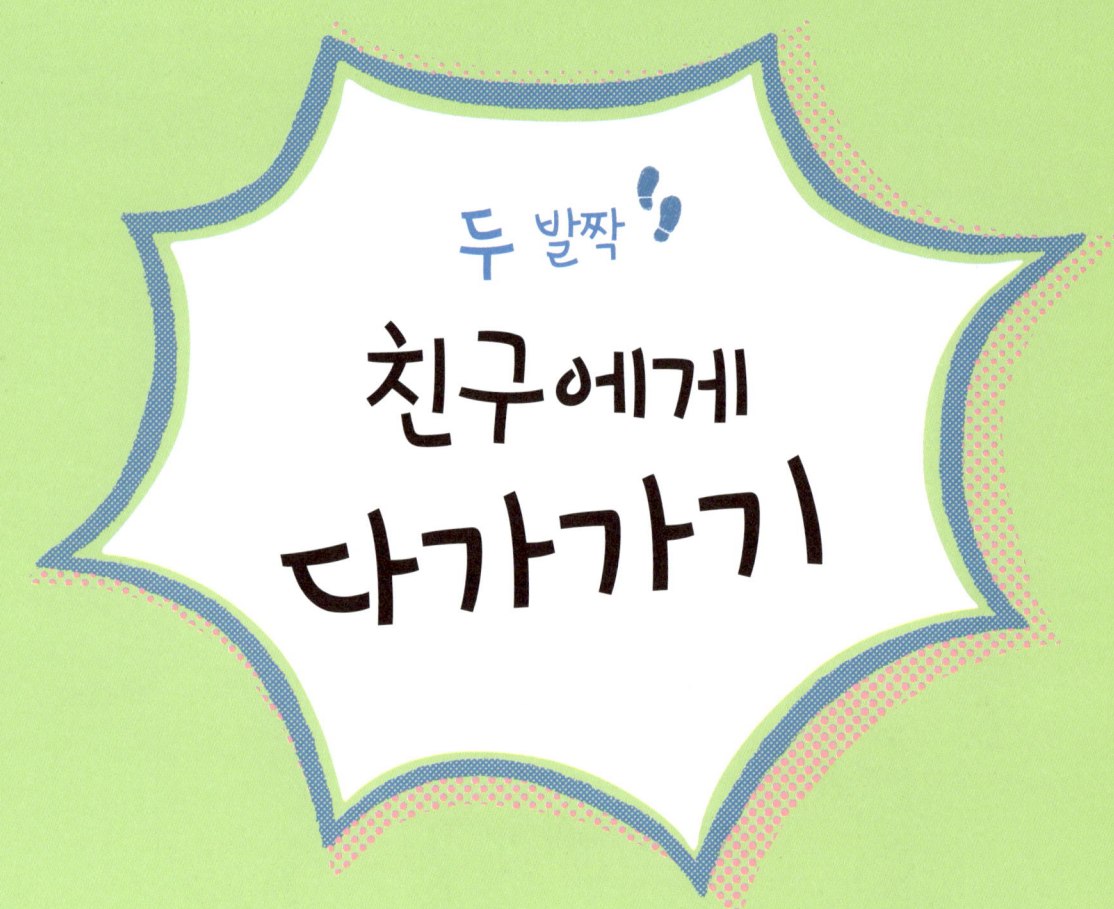

어떤 아이와는 쉽게 친구가 되는 반면
어떤 아이와는 친구로 지내기 어려운 이유가 뭘까요?
내가 상대와 친구로 지내길 원하고 상대도 나와 친구로 지내길 원해야
비로소 친구가 될 수 있기 때문이에요.
나와 잘 맞는 친구를 만나기까지 여러 번의 시행착오가 있을 수 있어요.
친구 하자고 했다가 거절당했다고 너무 좌절하지 마세요.
또 친구 하고 싶지 않은 아이가 다가와서 불편하다고 생각하지 마세요.
모두가 친구가 되어 가는 과정에서 일어나는 자연스러운 일이니까요.

Q1. 꼭 내가 먼저 다가가야 하는 건가요?

새로운 학원에서 처음 보는 아이들과 한 반이 되었어요. 여러 학교에서 온 아이들이 한 반에 모인 거라서 더 서먹서먹했죠. 그래도 앞으로 계속 만날 아이들이니 친해지는 게 좋겠다 싶어 옆에 있는 아이에게 말을 붙였어요. 그런데 반응이 그다지 좋지 않았어요. 처음 보는 사이라도 먼저 말을 걸고 살갑게 구는 것이 친구들과 잘 지내는 방법이라고 배워서 그랬는데, 그 아이가 살짝 귀찮다는 표정을 지어서 자존심이 상했어요. 그래도 내가 먼저 나서서 다가가야 하는 건가요?

 먼저 다가간다고 무조건 친구가 되는 건 아니에요.

흔히 처음 보는 사람에게 먼저 다가가서 말을 붙이고 넉살 좋게 함께 어울리는 사람을 두고 사회성이 좋다고 말해요. 그런 사람들은 어떤 모임에서든 거침없이 말을 걸고 친숙하게 행동하지요. 반면에 낯선 사람이 갑자기 툭 말을 거는 것을 좋아하지 않는 사람도 있어요. 특히 조용히 무언가에 집중하고 싶은데 자꾸 말을 건다면 싫은 표정이 절로 나오지요.

처음 만난 사람에게 말을 붙이고 싶을 때는 먼저 의사를 물어야 해요. 방문 앞에서 똑똑 노크를 하는 것처럼요. 먼저 눈을 맞추고 잠깐 이야기를 나누어도 되냐고 물어보는 거지요. 상대가 긍정의 신호를 보내야 대화도 나누고 친해질 수 있어요.

그렇다고 항상 내가 먼저 나서야 하는 것은 아니에요. 그런 부담을 가질 필요는 없어요. 때로는 혼자 조용히 시간을 보내다 보면 상대가 먼저 말을 걸어 올 수도 있답니다.

Q2. 용기 내서 다가갔는데 친구가 나를 거절하면 어떡해요?

우리 반에 친해지고 싶은 친구가 있어요. 같은 반이 된 건 이번이 처음이지만 학교에서 워낙 유명한 아이라 저는 그 아이에 대해서 들은 얘기가 많았어요. 하지만 그 아이는 저를 잘 모를 거예요. 늘 다른 아이들에 둘러싸여 있어서 쉽게 말을 붙이기도 힘들고요.

그래도 용기를 내서 그 아이에게 친구 하자고 말하고 싶은데, 그 애가 싫다고 하면 어쩌죠?

 **거절이 두려워** 친구를 포기하지 마세요.

사람들은 이미 일어난 일보다 아직 일어나지 않은 일에 더 관심을 쏟고 걱정한다고 해요. 친구가 거절하면 상처받을까 봐 두려워하는 것도 마찬가지이지요.

친구에게 거절을 당하더라도 그것으로 내 가치가 결정되는 건 아니에요. 선호의 문제일 뿐이지요. 단지 그 친구의 기준에서 나와 자신이 잘 맞지 않다고 선택한 것뿐이에요. 그러니 친구 하자는 제안에 거절당했다고 창피하거나 좌절할 일도 아니지요.

먼저 다가가 친구를 청하는 것은 앞으로 소중한 우정을 나눌 친구를 찾기 위한 과정이에요. 그 결과가 어떻든 간에 이런 경험들을 통해 나와 잘 맞는 '좋은 친구'를 찾을 수 있는 기회라고 생각해 보는 건 어떨까요?

Q3. 친구 하고 싶지 않은 아이가 다가오면 어떻게 해야 하나요?

쉬는 시간에 틈만 나면 저한테 말을 거는 아이가 있어요. 간식을 나눠 주기도 하고 물건을 주기도 해요. 그런 걸 받는 게 부담스러워서 싫다고 해도 소용없어요. 눈치를 줘도 그 아이는 잘 모르는 것 같아요. 제가 다른 아이들과 이야기를 하고 있으면 불쑥 끼어들고요, 모둠을 짤 때도 어떻게든 저랑 같은 조가 되려고 해요. 저와 친해지고 싶어서 그러는 건 알지만 저는 그럴수록 걔가 더 싫어지는데 어떻게 하면 좋을까요?

 **친구에게 솔직한 마음을 전해요.**

　이런 상황은 저마다 친구를 대하는 기준이 다르기 때문에 벌어지는 일이에요. 저도 예전 같으면 친구가 마음에 들지 않더라도 사이좋게 지내야 한다고 말했을 거예요. 개인보다 집단의 화합을 더 중요시하던 때가 있었으니까요. 하지만 지금은 개인의 행복을 더 중요하게 여기는 사람들이 많아졌어요. 모두와 사이좋게 지내야 한다거나 싫은 아이와 억지로 친구 하라고 강요하지 않지요.

　하지만 내 행복이 중요한 만큼 상대의 행복도 존중해 주어야 해요. 친구로 지내고 싶지 않다면 솔직하게 말하면 돼요. 단, 반드시 예의를 갖추어서요. 먼저 나를 좋게 봐 줘서 고맙다고 전하는 거예요. 그런 다음, 친한 친구로 지내기에는 잘 안 맞는 부분이 있으니 서로가 불편하지 않았으면 좋겠다고 하면 돼요.

　화를 내거나 슬픈 표정을 짓거나 억지로 웃으면서 감정을 꾸미지 마세요. 진심을 담아 진지한 태도로 말하면 듣는 사람도 기분이 상하지 않을 거예요.

　이후로는 서로 서먹하고 불편함이 더 커질 수 있어요. 하지만 이런 시간은 마땅히 거쳐야 할 과정이에요. 서로의 마음이 단단해질 때까지는 조금 긴 시간이 필요하니까요.

Q4. 조건을 따지면서 친구를 사귀는 게 나쁜 건가요?

솔직히 저는 공부 못하는 친구보다 공부 잘하는 친구가 좋고, 얼굴이 못생긴 친구보다 잘생긴 친구가 좋아요. 부자인 친구가 좋고, 뭐든 잘하는 친구가 좋아요. 그런데 다른 애들한테 이런 말을 하면 저를 약았다고 욕해요. 분명 저를 욕하는 아이들도 저와 같은 마음일 텐데 솔직히 말하면 나쁜 거고 속으로만 생각하면 착한 건가요? 겉으로 보이는 조건들을 어떻게 무시하나요? 눈으로 보이는데 말이지요. 잘생기고 공부 잘하고 집도 잘사는 아이와 친구 하고 싶은 게 잘못인가요?

 **겉으로 보이는 조건이 전부가 아니에요.**

잘생기고 공부 잘하고 집도 잘사는 아이와 친구 하고 싶은 마음이 잘못된 것이 아니라 겉으로 보이는 조건만으로 사람을 판단하면 안 된다는 거예요.

누구나 친구를 사귈 때 선호하는 조건들이 있어요. 얼굴이 예뻐야 한다든가 성격이 좋아야 한다든가 정말 다양하지요. 이런 기준들은 그 사람의 가치관과 관련이 있어요. 가치관은 사람마다 다르기 때문에 상대적일 수밖에 없지요. 어떤 친구에게는 더없이 잘 맞고 좋은 친구가 나에게는 잘 맞지 않고 나쁜 친구가 될 수 있다는 거예요. 친구의 조건이 사람을 평가하는 절대적인 기준이 될 수 없는 이유이지요.

친구를 사귈 때 외모나 성적, 집안 사정과 같이 겉으로 드러나는 조건만으로 친구를 평가한다면 그 친구가 가지고 있는 다른 장점을 보지 못할 거예요. 보다 넓은 시각으로 그 친구를 바라볼 수 있어야 해요. 그래야 친구가 가진 멋진 모습들을 더 많이 발견할 수 있으니까요.

Q5. 온라인에서 사귄 친구와 만나도 될까요?

저는 학교나 학원에서 만나는 친구 말고도 게임에서 만나는 친구들이 몇 명 있어요. 이 친구들과 채팅 창에서 자주 이야기를 나누다 보니 온라인에서 사귄 친구들이 현실에서 어울리는 친구들보다 훨씬 더 가깝게 느껴지기도 해요. 그런데 게임 친구 중 한 명이 저에게 만나자고 했어요. 제가 살고 있는 동네와 한참 멀리 떨어져 사는 친구인데 저를 꼭 만나고 싶다면서 저희 동네로 오겠다는 거예요. 온라인에서 사귄 친구를 만나도 괜찮을까요?

# A5. 온라인 친구를 만날 땐 주의가 필요해요.

　요즘은 대부분의 활동을 온라인으로 하다 보니 온라인에서 친구를 사귀는 경우가 많아졌어요. 모두가 게임이나 인터넷의 중독성을 걱정할 때, 반대로 긍정적 효과를 주장하는 심리학자가 있었어요. 온라인 매체를 통해서도 얼마든지 사회적 관계를 형성할 수 있다고요. 최근 많은 사람들이 SNS에서 다양한 활동을 하는 모습들이 그 증거가 되고 있어요. 온라인과 오프라인을 넘나들면서 다양한 친구들을 만나는 것도 긍정적인 효과인 거죠.

　하지만 온라인에서 만난 사람들과 가깝게 지내거나 현실에서 만날 때는 주의가 필요해요. 온라인에서는 얼마든지 신분을 조작할 수 있기 때문이에요. 채팅이나 SNS에서 보이는 모습이 실제가 아닐 수 있다는 얘기지요. 더 나아가 온라인상에서 주고받은 개인 신상을 각종 범죄에 악용하기도 하고요. 그래서 온라인에서 맺은 친구 관계를 유지하는 데에도 지혜로운 판단이 필요해요.

　온라인 친구를 현실에서도 만나는 것에 대해 옳고 그름을 단언할 수 없지만 안전에 대한 확인이 필요한 것은 사실이에요. 제일 안전한 방법은 온라인 친구를 만나기 전에 부모님이나 어른들에게 조언을 구하는 거예요.

친구가 나를 거절했을 때
상처를 덜 받는 법

🎗️ 내 잘못이 아니라고 말하기

친해지고 싶은 친구에게 먼저 다가갔는데 거절당했을 때 아무렇지도 않을 사람은 없어요. 누구나 속상하지요. 내가 뭘 잘못했나 싶기도 하고요. 친해지고 싶은 마음이 컸다면 상처도 크게 받을 거예요. 그렇다고 마냥 속상해하고 있을 수는 없겠죠? 상처가 덧나지 않도록 마음에 반창고를 붙여요. 제일 중요한 건 거절의 원인을 나한테 돌리지 않는 거예요.

누구나 친구 요청에 거절하고 거절당할 수 있어요. 나도 마음에 들지 않는 친구를 거절할 수 있고요.

친구의 거절은 절대로 내가 부족해서가 아니에요.

한 친구에게 거절당했다고 해서 다른 친구를 못 사귀는 것은 절대 아니에요.

이런 생각들은 친구의 거절이 나한테 문제가 있어서라는 생각을 떨치는 데 도움이 돼요. 긍정적인 생각들이 마음속 자리를 더 많이 차지하면 상처도 더 빨리 아물 거예요.

다른 활동으로 즐거움 찾기

생각을 정리했다면 이제 마음을 다스려요. 친구가 거절해서 상처받은 마음을 계속 끌어안고 있으면 괜히 기분만 더 나빠지니까요. 속상한 기분을 풀 수 있는 방법은 많아요. 하지만 방법을 잘못 선택하면 오히려 기분이 더 나빠질 수 있어요. 엉뚱한 곳에 화풀이해서 도리어 싸움을 하게 되는 것처럼요. 기분을 바꿀 수 있는 나만의 방법을 찾아보세요.

가볍게 운동을 하거나 공원을 산책해요.

다른 친구를 만나 수다를 떨어요.

맛있는 음식을 먹어요.

좋아하는 음악을 들어요.

기분이 풀릴 때까지 펑펑 울어요.

친구와 친해지는 나만의 비밀

⭐ 자주 보면 호감도 생겨요!

몇몇 심리학자가 다른 사람에게 호감을 갖게 되는 이유에 대해 연구한 적이 있어요. 한 가지 흥미로운 사실은 호감을 느끼는 사람들은 서로 가까이에 살고 있는 경우가 많았다는 점이에요. 심리학자들은 이를 '근접성의 원리'로 설명하고 있어요. 얼굴을 보고 마주치는 빈도가 잦을수록 호감이 생긴다는 거지요. 이 원리를 친구 관계에도 적용할 수 있어요. 그러니까 친구의 마음을 살 수 있는 핵심은 자주 연락하고 자주 만나는 거지요. 멀리 떨어져 있다고 해도 메일이나 문자로 안부를 묻고 자주 이야기를 나누면 심리적으로 더 가까워질 수 있어요.

⭐ 자신을 가꾸는 것도 중요해요!

신체적 매력은 친구 사이에도 중요한 역할을 해요. 타고난 미모와 상관없이 자신을 깔끔하고 매력적으로 보이도록 가꾸는 거지요. 여기에는 돈보다도 자신에게 쏟는 관심과 노력이 필요해요. 비싼 옷을 입지 않아도 센스 있게 보이도록 색깔과 스타일을 잘 선택할 수 있지요. 물론 잘 씻고 단정하게 몸 관리를 하는 것은 기본이랍니다.

⭐ 공통점을 찾아요!

유유상종이라는 말이 있듯이 대부분 마음에 드는 친구에게는 분명 나와 비슷한 점이 있을 거예요. 심리학자들은 이를 '유사성의 원리'라고 해요. 친구와 나 사이의 공통점은 다양하게 찾을 수 있어요. 생긴 모습에서부터 성격이나 취미 생활에 이르기까지 모두 다 공통점이 될 수 있지요. 그게 무엇이든 친구와 나 사이의 비슷한 점을 찾고 공유하다 보면 대화할 거리도 많아지고 더 빨리 친해질 수 있어요.

★ 좋아하는 마음을 표현해요!

사람은 자신을 좋아해 주는 사람을 좋아한다고 해요. 심리학자들은 이를 '상호성의 원리'라고 해요. 나에게 관심을 표현하고 좋아해 주는 사람을 더 가까이하게 된다는 거지요. 친구 관계도 마찬가지예요. 자신을 좋아한다고 생각하는 사람에게 더 마음을 열고 가까이하게 되지요. 그러니 마음이 가는 친구에게 좋아하는 마음을 솔직하게 표현하면 그 친구도 나를 좋아하게 될 거예요. 단, 그 친구가 부담스럽지 않게 말이지요.

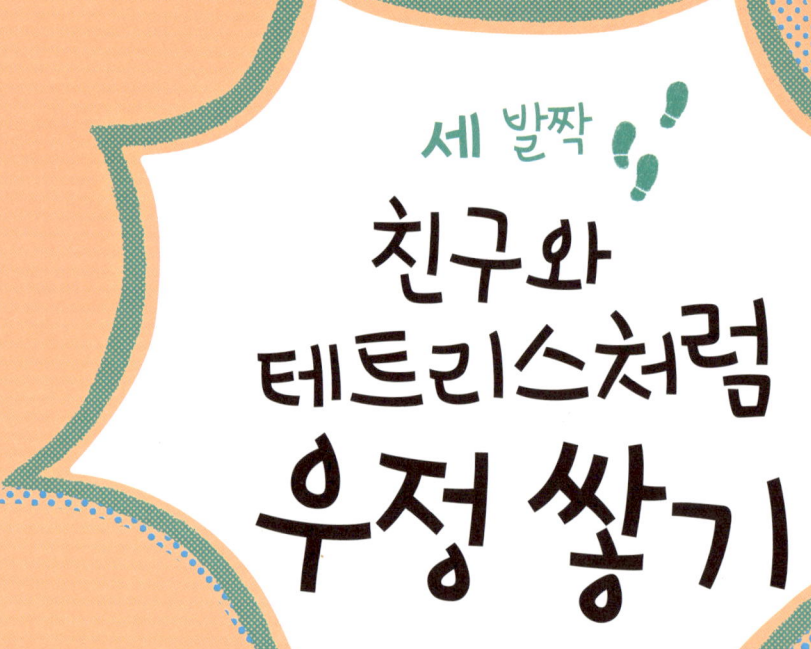

세 발짝

친구와 테트리스처럼 우정 쌓기

친구와 더 친해지고 싶은데 방법을 모르면 답답하지요.

그럴 땐 먼저 내가 바라는 것을 생각해 보세요.

나라면 친구가 어떻게 해 주기를 바라는지, 어떤 말을 해 주면 좋겠는지.

입장을 바꾸어 보면 생각보다 쉽게 해결책을 찾을 수 있어요.

하지만 가장 좋은 건 직접 친구에게 물어보는 거예요.

그리고 친구의 말에 귀를 기울이는 거죠.

Q1. 친구와 무슨 얘기를 나누면 좋을까요?

이제 막 친해진 친구와 어떤 이야기를 나누는 게 좋을까요? 새로 나온 게임 이야기를 하는 게 좋을까요? 맛있는 음식 이야기를 하면 좋을까요? 막상 친구 얼굴을 보면 무슨 얘기부터 해야 할지 모르겠어요. 그럴 때면 친구 얼굴만 멀뚱멀뚱 쳐다본다니까요. 친구랑 친해지려면 어떤 대화를 하면 좋을까요?

 공통된 주제를 찾아봐요.

　친구 관계가 막 시작된 초기에는 이런저런 고민이 많지요. 친구와 어떤 이야기를 나누면 좋을지 무엇을 하면 좋을지 모르겠고요.

　그럴 땐 친구에게 직접 물어보는 것도 좋아요. 그렇다고 무슨 얘기를 하고 싶은지 다짜고짜 묻는다면 좀 당황스러울 수 있겠지요? "요즘 재미있게 읽은 책 있어?" 이렇게 구체적으로 물어보면 대화를 더 쉽게 이어 나갈 수 있어요. 친구가 읽은 책을 이야기해 준다면 그 책에 대해 더 물어보며 이야기를 계속할 수 있지요. 아니면 내가 읽은 책 이야기를 할 수도 있고요.

　대화가 시작되면 서로에게 공통점이 있는 주제로 이야기를 나누는 것이 좋아요. 나만 관심 있거나 친구만 관심 있는 주제로 대화를 나누다 보면 어느 한쪽은 시큰둥할 수 있어요. 그렇기 때문에 대화를 하면서 상대의 반응을 살피는 것이 필요하지요. 친구에게 절절매면서 눈치를 살피라는 게 아니라 대화가 계속될 수 있도록 배려하라는 뜻이랍니다.

Q2. 친구랑 더 가까워지고 싶어요.

이번에 새로 사귄 친구가 너무 좋아요. 제 마음 같아서는 그 친구와 더 친하게 지내고 싶은데 어떻게 하면 좋을까요? 대놓고 나랑 단짝 친구 하자고 얘기하기는 부끄럽고요. 제 감정만 앞세웠다가 친구가 덜컥 겁먹고 도망가면 어떡해요? 친구와 자연스럽게 더 친해지는 방법 어디 없을까요?

A2. 함께 할 수 있는 것을 찾아봐요.

친구와 친해지고 싶다면 함께 하는 일을 많이 만들면 돼요. 그러면 자주 만나게 되고 서로 공통점도 많아져서 금세 친한 사이가 될 수 있어요.

교회나 학원을 같이 다닐 수도 있고요, 함께 자전거를 타면서 운동하는 시간을 규칙적으로 갖는 것도 좋아요. 같이 영화를 보러 가거나 같은 책을 읽고 이야기를 나눌 수도 있지요. 그렇다고 무조건 친구가 하는 모든 것을 따라 하거나 모든 일을 같이 하려고 해서는 안 돼요. 친구와 떨어져 있는 시간도 혼자 잘 보낼 수 있어야 해요. 그래야 친구와 함께 하는 시간을 기쁜 마음으로 가득 채울 수 있답니다. 그렇게 '따로 또 같이' 할 수 있어야 건강한 친구 관계를 맺을 수 있어요.

따로!

또 같이!

Q3. 친구 따라 학원을 옮겨도 괜찮을까요?

저는 친구랑 같이 많은 시간을 보내고 싶어요. 그런데 문제가 있어요. 그 친구가 엄청 바쁘다는 거예요. 학교 수업이 끝나면 학원에 체육관에 문화 센터에 도서관까지. 하루 일정이 꽉 차 있어요. 그래서 친구랑 시간을 보내려면 저도 그 친구가 움직이는 대로 똑같이 따라가는 수밖에 없어요. 문제는 친구가 사는 곳이 제가 사는 곳과 멀리 떨어져 있다는 거예요. 친구 따라 강남 간다는 말처럼 제가 다니던 학원을 그만두고 친구가 다니는 학원으로 옮겨도 될까요?

A3. 서로에게 득이 되는 선택을 해요.

다니던 학원을 그만두고 친구 따라 학원을 옮기는 건 좋은 선택이 아닐 수 있어요. 모든 일에는 장단점이 있어요. 또 입장에 따라 같은 일도 장단점이 달라질 수도 있고요.

내가 다니던 학원을 그만두고 친구네 학원으로 옮기면 친구와 함께 더 많은 시간을 보낼 수 있겠지요. 친구와 함께 보내는 시간이 생긴다는 건 두 사람 모두에게 좋은 일일 수 있어요.

그런데 입장을 바꿔 살펴볼까요? 친구 입장에서 보면 공부도 하고 친구도 볼 수 있으니 손해 볼 게 없어요.

하지만 내 입장에서 보면 친구와 시간을 보내기 위해 더 들여야 할 것들이 있어요. 학원까지 오가는 시간, 교통비 등등. 게다가 매일 먼 거리를 오가다 보면 몸이 힘들어지죠. 왜 나만 이래야 하나 불만도 생길 수 있고요.

무조건 친구가 좋다고 따라 가는 것보다 서로에게 이득이 되는 선택을 하는 것이 좋아요. 그래야 친구 관계도 오래갈 수 있어요.

Q4. 친구가 자꾸 땡땡이치자고 부추겨요.

오랜 친구가 있어요. 걔랑 있으면 세상 모든 게 즐거워요. 하지만 그 친구랑 헤어지고 집으로 돌아오면 세상은 지옥으로 변해요. 친구랑 학원 수업을 땡땡이치고 자주 놀았는데 어느 날 엄마한테 딱 걸린 거예요. 엄마가 엄청 화를 내서서 다시는 그러지 않겠다고 엄마와 약속을 했어요. 하지만 친구가 땡땡이치고 놀자고 하면 엄마와 한 약속 따위는 안중에도 없고 그 친구랑 같이 놀게 돼요. 저도 학원 수업을 빼먹고 친구와 노는 게 잘못된 행동이라는 건 알고 있어요. 그런데 친구가 땡땡이치고 놀자고 하면 저도 같이 놀고 싶고 또 제가 친구 제안을 거절하면 관계가 틀어질까 봐 걱정도 돼요. 저는 어떻게 하면 좋을까요?

A4. 나를 위한 행동이 무엇인지 생각해 봐요.

지금 당장은 땡땡이를 치자는 친구의 말을 듣지 않으면 친구 관계가 깨질까 봐 걱정될 거예요. 하지만 학원 수업을 빼먹는 일이 계속된다면 친구 관계도 지금처럼 유지하기 힘들어져요. 엄마가 그 친구를 안 좋게 보고 함께 어울리지 말라고 할 수도 있으니까요.

그러니 그 친구가 정말 좋고 친구 관계를 오래 유지하고 싶다면 학원 수업을 빼먹지 않고 함께 놀 수 있는 방법을 찾아요. 친구에게 엄마와 한 약속이 있어서 미안하지만 오늘은 꼭 학원에 가야 한다고 솔직하게 말해 보세요. 그리고 함께 놀 수 있는 다른 시간이 언제인지 말해 주세요. 친구와 놀고 싶지 않아서가 아니라는 뜻을 분명하게 전하는 거예요.

또 땡땡이의 유혹도 스스로 물리칠 수 있어야 해요. 친구와 함께 학원을 땡땡이치고 놀면 그 순간은 즐겁겠지만 그게 반복되면 친구한테도 나한테도 좋을 것이 하나도 없어요. 한두 번이야 친구랑 함께 하는 시간이 너무 좋아서 그럴 수 있다 치더라도 몇 번 반복된다면 땡땡이를 치게 된 이유가 100% 친구 탓이라고 할 수도 없고요. 정말로 나를 위한 행동이 무엇인지 곰곰이 생각해 보세요. 학원도 빼먹지 않으면서 함께 놀 수 있는 방법은 얼마든지 있을 테니까요.

Q5. 생일 파티에 누구를 초대해야 할까요?

조금 있으면 제 생일이 다가와요. 부모님이 친구들과 잘 지내라고 생일 파티도 열어 주신다고 했어요. 그런데 장소도 그렇고 비용 문제도 있어서 딱 열 명의 친구만 초대할 수 있대요. 그래서 머리가 너무 아파요. 생일 파티에 누구를 초대해야 할까요? 엄마는 앞으로 친하게 지내고 싶은 친구만 초대하라고 하지만 그렇게 하면 이미 친하게 지내는 친구들이 서운할걸요? 게다가 친한 친구는 열 명도 훨씬 넘어요. 누구는 초대하고 누구는 초대하지 않으면 초대받지 못한 친구들이 서운할 게 분명하잖아요?

 초대받지 못한 친구가
서운하지 않도록 방법을 찾아봐요.

정말 머리가 아프겠지만 생일 파티에 초대할 친구들이 많다는 건 행복한 고민일 수 있어요. 초대할 친구가 없어서 고민하는 친구들도 있거든요.

이런 경우에는 가장 먼저 소수의 친구들만 초대해야 하는 형편을 솔직하게 말하는 것이 좋아요. 장소가 마땅치 않아서 생일 파티에 초대할 친구를 선택해야만 한다고요. 중요한 건 파티에 초대하는 기준을 정할 때 혹시라도 마음이 상하거나 서운하지 않도록 하는 거예요. 예를 들면 올해는 생년월일에 '5' 자가 들어가는 친구들만 초대한다거나 제비뽑기를 해서 초대하는 방식으로요. 아니면 아예 장소에 구애받지 않도록 축구 시합 후 뒤풀이로 생일 파티를 한다든가 놀이공원에 가서 신나게 놀다 오는 것으로 생일 파티를 대신하는 등 친구들 여럿이 함께 할 수 있는 방법을 찾으면 돼요.

어떤 방식이건 간에 소중한 친구들 중 누구라도 초대받지 못해 서운한 마음을 갖지 않도록 하는 게 가장 좋아요.

Q6. 친구에게 받은 선물을 다른 친구에게 줘도 될까요?

친한 친구가 생일 선물로 준 손가방이 있는데요, 저는 별로 필요하지 않아서 다른 친구에게 주고 싶은데 괜찮을까요? 솔직히 제 취향하고 완전 달라서 안 쓰고 모셔 둘 것만 같거든요. 사용하지 않을 물건을 그대로 보관하는 것보다 필요한 친구에게 주면 더 좋지 않을까요? 그렇지만 선물을 준 친구 입장에서는 자기가 준 선물을 다른 아이가 가지고 있으면 분명 서운하겠죠?

 선물을 준 친구에게
양해를 구할 수 있는 상황을 만들어 봐요.

별로 마음에 들지 않거나 필요 없는 물건을 선물로 받았을 때 난감하지요. 그렇다고 선물을 준 친구가 보는 앞에서 다른 친구에게 그 물건을 주는 것은 친구의 기분을 상하게 할 수 있어요.

이때 지혜가 필요해요. 선물을 받은 후 얼마의 시간이 지났다면(적어도 3개월 이상은 되어야 해요!) 친구들과 '물물 교환' 시간을 만드는 거예요. 소중하게 간직했던 물건을 서로 교환하는 자리를 마련하는 거지요. 물건을 가지고 온 친구들이 각자의 물건이 왜 소중한지 사연을 소개하고 다른 물건으로 교환하는 식으로요. 이렇게 물건에 담긴 소중함도 공유하면서 교환하면 선물을 준 사람이나 받은 사람 모두 기분이 상하지 않고 자신에게 필요한 물건으로 바꿀 수 있어요. 잊지 마세요. 가장 지혜로운 방법은 선물을 준 친구에게 먼저 양해를 구한 다음 자연스러운 상황을 만드는 것이랍니다.

Q7. 친구에게 어떻게 고마움을 표현해야 할까요?

함께 공부하고 생활하는 교실에서는 종종 싸움이 일어나요. 말다툼이나 몸싸움도 일어나지요. 그런데 섣불리 도와주려다가 괜히 시비가 붙을 수도 있어요. 그래서 대부분은 잠자코 지켜보지요. 하지만 막상 나한테 이런 일이 생기면 얘기가 달라져요. 구경만 하거나 상관 않고 제 일만 하는 아이들이 원망스럽죠.

그런데 어느 날 어떤 아이가 저를 의심하고 시비를 걸자 나서서 제 편을 들어준 친구가 있었어요. 평소 친하게 지내던 아이도 아니었는데 말이죠. 그 친구에게 고마움을 전하고 싶은데 어떻게 하면 좋을까요?

A7. 가장 중요한 건 고마움을 오래 간직하는 거예요.

　내 편을 들어주는 친구가 있다니 정말 기분이 좋겠네요. 그 친구한테 고마움을 표현할 방법을 찾을 수 있으면 더 기분 좋은 일이겠고요.

　고마움을 표현하는 방법은 여러 가지가 있어요. 가장 빠르고 효과적인 방법은 말로 표현하는 거예요. 친구에게 진심 어린 표정과 눈빛으로 고맙다는 말을 전하는 거지요.

　두 번째는 보상을 하는 거예요. 고맙다는 편지와 함께 선물을 주거나 맛있는 음식을 대접하면서 고맙다고 말하는 거예요.

　세 번째는 나도 똑같이 해 주는 거예요. 비슷한 상황이 일어나면 그 친구를 도와주는 거지요. 이런 일은 언제 생길지 몰라요. 그러니 평소에 친구를 세심하게 챙겨 주는 것도 필요하지요.

　하지만 어떤 방법으로 고마움을 표현하든 중요한 건 고마움을 오랫동안 잊지 않는 거예요. 고마운 마음은 말이나 선물로 갚았다고 해서 없어지는 게 아니거든요.

Q8. 친구의 스킨십이 싫어요.

자꾸 팔을 툭툭 치면서 말하는 친구가 있어요. 그래서 그 친구와 이야기를 할 때는 일부러 멀리 떨어져 앉아요. 가까이 있으면 팔을 툭툭 치는 것을 넘어서 자꾸 몸 여기저기를 만지거든요. 그 친구는 저와 친하다고 생각해서 그런 식으로 표현하는 건지 모르겠지만 머리를 쓰다듬고 팔이나 어깨를 자꾸 만지는데 저는 그런 스킨십이 불편하고 싫거든요. 솔직하게 싫다고 말해도 괜찮을까요?

A8. 참지 말고 솔직하게 말해요.

　친한 사이일수록 서로의 차이를 더 인정해 주고 배려해 주어야 해요. 특히 스킨십은 서로 간의 신체적인 경계를 존중해야 하는 문제와 연결되기 때문에 더 신중해야 하지요.

　사람마다 스킨십을 민감하게 느끼는 정도가 달라요. 작은 소리도 잘 듣는 사람이 있는가 하면 그렇지 않은 사람이 있는 것처럼 감각을 감지하는 정도에 차이가 있지요. 그렇기 때문에 스킨십은 사람에 따라 다르게 받아들일 수밖에 없어요.

　스킨십을 하는 사람이 어떤 의도를 가지고 있느냐와 상관없이 상대가 불쾌함을 느낀다면 하지 말아야 해요. 스킨십을 습관처럼 하는 친구에게도 불편하다고 솔직하게 말해 줘야 하고요. 이때 스킨십이 싫은 거지 그 친구가 싫은 것이 아니라는 사실을 분명히 말해 주면 좋아요.

Q9. 친구가 울 때 어떻게 위로해 줘야 할까요?

친구에게 속상한 일이 생겼나 봐요. 엉엉 울기만 하는데 어떻게 해 줘야 좋은 건지 잘 모르겠어요. 실컷 울게 두어야 하는 건지, 울지 말고 뚝 그치라고 해야 하는 건지 말이에요. 어떤 친구는 같이 울기도 하던데 그게 좋은 건가요? 저는 솔직히 잘 모르겠어요. 친구를 위로하는 좋은 방법이 있을까요?

A9. 속상한 마음을 먼저 알아주세요.

여러분이 속상해서 울고 있을 때 주변 친구들은 어떻게 했나요? "뚝 그쳐, 그만!" 하면서 울음을 억지로 멈추라고 하거나 "너만 그런 거 아니야!" 하면서 속상한 일을 아무 일도 아니라고 얘기하기도 했을 거예요. 그럴 때 위로가 되던가요?

속상할 때는 어쩌다 그런 일이 생겼는지, 얼마나 마음이 아픈지 이야기를 들어 주는 사람이 필요해요. 달래려고 애쓰는 사람보다 우는 모습을 곁에서 지켜봐 주는 사람이 필요하고요.

친구가 속상해할 때 나도 무척 속이 상하다고 표현해 주세요. 말을 많이 하면서 설명하기보다는 살짝 다독거려 주세요. 곁에서 친구의 숨소리에 맞춰 호흡해 주는 것도 도움이 돼요. 같은 속도로 숨을 깊게 들이마시고 내뱉고 해 주면 안정감을 찾는 데 도움이 될 거예요.

기억하세요. 친구와 이야기를 나누는 것은 충분히 울고 난 뒤나 호흡이 안정을 되찾았을 때 해도 늦지 않아요.

Q10. 친구에게 내 마음을 다 보여 줘도 괜찮나요?

얼마 전 피아노 학원에서 한 친구를 알게 됐어요. 그런데 그 친구가 자꾸 좋아지는 거예요. 피아노를 잘 쳐서도 아니고 예뻐서도 아니에요. 그냥 보기만 해도 좋아요. 자꾸 말을 걸고 싶고, 맛있는 것도 같이 먹고 싶고, 선물도 주고 싶어요. 그 친구에게 문자를 보내려다 오글거려서 몇 번이나 지우고 다시 쓰고 했어요. 그 친구가 생일 파티에 초대라도 한다면 너무 좋아서 꺅꺅 소리를 지를 거예요. 하지만 그 친구는 늘 무덤덤하게 나를 대해요. 이런 친구에게 속마음을 다 보여 줘도 될까요?

A10. 천천히 마음을 보여 주세요.

다른 친구가 나를 좋아한다는 건 기분 좋은 일이지만 한편으로는 부담스러운 일이기도 해요. 잘 알지 못하거나 친하지도 않은 아이가 갑자기 다가와서 좋아한다고 하면 당황스러운 건 당연하지요.

좋아하는 마음을 고백할 때에도 충분한 시간이 필요해요. 갑자기 한꺼번에 마음을 내보이면 역효과가 날 수 있어요. 오히려 친구가 덜컥 겁을 먹을지도 몰라요.

시간을 가지고 천천히 다가가세요. 조금씩 서로에 대해 알아 가는 과정을 거치면서 차이를 받아들이고 조율해 가는 시간들이 있어야 좋은 친구로 오래 갈 수 있어요.

그래도 내 마음을 표현하고 싶다면 작은 다이어리를 하나 준비해 보세요. 매일매일 글로 좋아하는 마음을 표현하는 거예요. 내 마음을 글로 써 보고 읽어 보면 신기하게도 들뜬 마음을 진정시킬 수 있어요.

친구와 채팅할 때도 지켜야 할 예절이 있어요!

때와 장소에 따른 예절

요즘은 친구들과 직접 이야기를 나누기도 하지만 SNS나 메신저를 이용해서 대화할 때가 더 많을 거예요. 스마트폰을 이용한 채팅은 언제 어디서나 연결될 수 있다는 장점이 있지요. 하지만 '언제 어디서나'에도 지켜야 할 예절이 있어요.

밤늦은 시간이나 이른 아침에 문자를 보내는 건 좋지 않아요.

오랜 시간 채팅하는 것은 친구를 괴롭히는 행동일 수 있어요.

수업 시간, 식사 시간을 피해서 문자를 보내거나 채팅해요.

친구를 앞에 두고 스마트폰을 하지 않도록 주의해요.

영화나 공연을 볼 때는 방해되지 않도록 스마트폰 전원을 꺼요.

길을 다닐 때 스마트폰을 하면 위험할 수 있어요.

특히 길을 다닐 때 주변을 살피지 않고 스마트폰에 집중하다 보면 손바닥만 한 스마트폰 화면에 시야가 한정되기 때문에 위험한 상황이 발생할 수 있어요. 편리함이 위험이나 피해로 바뀌지 않도록 때와 장소를 가려야 해요.

방법에 따른 예절

여러분은 채팅으로 친구와 어떤 이야기를 나누나요? 단짝 친구와 학교에서 못다 한 이야기를 나누기도 하고 단체 채팅 창을 통해 숙제나 주의 사항 같은 정보를 주고받기도 하지요? 그럴 때 줄임 말이나 이모티콘으로 말로는 다 할 수 없는 표현을 시각적으로 나타낼 수 있어요. 그런데 표현이 너무 과하면 오히려 진정성이 없어 보이거나 상대를 불쾌하게 만들 수 있어요. 예를 들어, 관심도 없는 주제의 이야기나 눈 뜨고 보기 힘든 공포 영상을 계속 보낸다면 짜증을 넘어서 고문당하는 느낌이 들 거예요. 또 친구 동의도 없이 단체 채팅 방으로 초대하거나 채팅 방에서 친구를 왕따시키는 일도 잘못된 행동이지요.

여러분 중 누구 한 사람이라도 친구의 입장을 배려하고 생각한다면 다른 친구들도 그렇게 할 거예요. 기억하고 있죠? 친한 사이일수록 더 예의를 지켜야 하고 그래야 더 오랜 친구로 남게 된다는 사실을요.

끼리끼리 친구인 이유

★ 나와 비슷한 친구가 주는 편안함

앞서 어떤 사람에게 호감을 느끼게 되는 이유를 살펴보았죠? 그중 '유사성의 원리'로 나와 비슷한 사람에게 더 끌린다고 했어요. 그런데 이 원리는 친구 관계를 지속하게 되는 중요한 이유이기도 하답니다. 나와 비슷한 사람과 함께 지내는 것이 더 편안하고 안정감이 들기 때문이지요.

나와 다른 사람에게 더 흥미를 느끼고 관심을 가질 수는 있지만 나와 많이 다른 사람을 내 생활 속에 받아들이는 것은 쉽지 않아요. 안 하던 행동이 습관이 되기 어려운 것처럼요. 나와 다른 점이 많은 친구와 어울리려면 내가 편하게 해 오던 일들을 바꾸어야 할 거예요. 먹는 것, 행동하는 것, 사고방식까지도요. 이런 변화에 적응하기 위해서는 많은 에너지가 필요하고 쉽게 피로해지지요. 그럼 어느 순간 불편하다고 느끼게 되고 그 친구와는 오래가기 어려워요.

반대로 나와 비슷한 점이 많은 친구와 어울릴 때는 습관이나 취향을 바꾸기 위해 노력해야 할 일이 적어요. 서로의 차이를 조율하기 위해 긴장할 필요도 적고요. 그러다 보니 물 흘러가듯 자연스럽게 지낼 수 있지요. 이런 편안함을 느낄 수 있는 친구들이 모이게 되고 그렇게 끼리끼리 어울리게 되는 거죠.

★ 다른 듯 같은 친구들

복제 인간처럼 완전히 똑같은 사람도 없지만 완전히 다른 사람도 찾기 힘들어요. 정도의 차이가 있는 거죠. 그래서 겉으로 보기에는 완전 다른 것 같은 사람과도 친구로 잘 지낼 수 있는 거예요. 무언가 비슷한 점이 하나라도 있고 그것을 공유하며 친구 사이로 지내는 것일 테니까요.

그렇다면 차이를 어떻게 받아들여야 할까요? 차이가 힘들어지는 건 다른 걸 같게 만들려고 하기 때문이에요. 서로 달라도 잘 지내는 친구들은 서로의 차이를 그대로 인정해 주지요. 그리고 관심을 '차이'가 아닌 '같음'에 두는 거예요. 아주 당연하고 사소한 거라도 서로의 공통점을 찾는 거지요. 예를 들어, 우유를 좋아하는 것, 젓가락보다 포크가 더 편한 것, 샤프보다 연필을 좋아하는 것, 콩을 싫어하는 것 등 사소한 것조차 얼마든지 공통점이 될 수 있어요. 그리고 그 공통점은 서로를 편안한 친구로 느끼게 해 줘요.

네 발짝

친구와 잘 싸우고 잘 화해하기

친한 친구와 갈등이 생겼을 때,
별것도 아닌 일에 나만 속 좁게 구는 거 아닌가 싶기도 하고
혼자 상처를 받고 나서 어떻게 해야 하는지 알 수 없을지도 몰라요.
그럴 땐, 숨을 크게 한번 쉬는 것만으로도 기분 전환이 돼요.
그렇게 숨을 내쉬고 나면 친구와 다시 잘 지내볼 용기가 몽글몽글 피어올라요.
내 마음을 먼저 다스릴 수 있어야 친구와도 잘 지낼 수 있어요.

Q1. 내 친구니까 나랑만 놀아야 하는 거 아닌가요?

체육 시간에 운동장으로 나가는데 저의 베프(베스트 프렌드)가 다른 아이랑 어울려 먼저 교실 문을 나서는 거예요. 저는 같이 가려고 기다리고 있었는데 제 쪽으로 눈길도 안 주니 완전 무시당한 기분이었어요. 지난번 모둠을 짤 때도 나만 쏙 빼고 다른 아이들하고 같이 했어요. 베프가 어떻게 그럴 수 있어요? 베프는 제일 친한 친구라는 뜻이잖아요? 그러니까 뭐든 저랑 같이 해야 하는 거 아닌가요?

A1. 따로 또 같이 성장할 수 있어야 진짜 친구예요.

　친밀한 관계는 '애착'을 바탕으로 맺어져요. 애착은 중요한 대상에게 느끼는 특별한 유대감이에요. 엄마와 아기의 관계처럼 애착 대상과 함께 할 때는 안전감을 느끼지만 떨어지면 심한 불안을 느껴요.

　친구 관계도 그래요. 처음엔 두 친구가 단짝이 되어 무엇이든 함께 하지요. 그런데 갑자기 다른 아이가 끼어들면 둘 사이가 멀어질까 봐 몹시 불안하고 화가 나기까지 해요.

　하지만 우정이 그렇게 쉽게 변하는 건 아니에요. 우정에 대한 믿음은 아기가 엄마를 믿는 것과 같아요. 안정적인 애착을 형성한 아기는 엄마가 눈앞에 보이지 않는다고 해서 무조건 울지 않아요. 엄마가 돌아올 때까지 기다릴 줄도 알고 엄마 없이도 다른 사람과 즐겁게 놀지요.

　친한 친구라고 해서 모든 일을 둘이서만 할 수는 없어요. 친구와 나는 다른 점도 참 많으니까요. 친구도 나도 누군가에게 얽매이지 않고 인간관계를 넓혀 나갈 자유가 있어요. 친구가 얼마든지 나 말고도 새로운 친구를 사귈 수 있다는 사실을 인정해야 해요. 그래야 친구에게도 나에게도 더 많은 친구들이 생길 수 있고 그 친구들과 소중한 경험을 할 수 있으니까요. 그렇게 따로 또 같이 성장해 가는 거지요.

Q2. 뭐든지 나랑 똑같이 하는 따라쟁이 친구가 싫어요.

요즘 누가 똑같은 걸 갖고 싶어 하나요? 레어템(rare item)*을 가지고 있어야 돋보이지. 그런데 꼭 나랑 똑같이 하려는 친구가 있다니까요. 새 운동화를 사거나 모자를 사면 꼭 따라 사는데, 심지어 색깔까지 똑같은 걸 사서 기분이 나빠요. 다른 친구들이 둘이 사귀냐며 놀리기도 하고요. 이제는 제 말투나 행동까지 똑같이 따라 해요. 이런 따라쟁이 친구를 어떻게 말려야 하나요?

레어템 희귀한 물건을 말해요. 온라인 게임에서 귀하고 좋은 아이템을 가리키는 말로, '레어 아이템'을 줄인 말이에요.

A2. 먼저 같이 하자고 해 봐요.

다른 사람을 똑같이 따라 하는 건 그 사람이 가진 것이 부럽다거나 하는 행동이 좋아 보여서 그래요. 동생들이 언니나 오빠가 가진 장난감과 똑같은 것을 가지고 싶어 하는 것처럼요.

나를 따라 하는 친구도 내가 가진 것이나 하는 행동이 좋아 보여서 그러는 거예요. 그걸 기분 나쁘게 생각하지 않았으면 해요. 따라쟁이 친구가 나를 좋게 봐 주고 있으니 오히려 고마운 일이지요.

그래도 똑같은 물건을 가지고 있는 것이 싫다면, 이제부터 사고 싶은 것이 있을 때 그 친구와 함께 가 보세요. 따라쟁이 친구는 함께 쇼핑을 하며 서로에게 어울리는 것을 골라 주고 맘에 드는 물건을 산 것만으로도 만족할 수 있어요.

말과 행동을 따라 하는 게 문제라면 이럴 땐 이렇게, 저럴 땐 저렇게 다양하게 표현 방법을 바꾸는 것도 괜찮아요. 아니면 나도 상대 친구의 말투를 똑같이 흉내 내보는 거예요. 그럼 그 친구도 따라 하면 안 되겠다는 마음이 들지 않을까요? '왜 넌 나만 따라 해?' 하면서 따질 필요가 없어요. 따라 하는 건 잠깐일 뿐이에요. 곧 자신만의 개성을 더 소중하게 여길 테니까요.

Q3. 입만 열면 거짓말하는 친구가 있어요.

친구가 자꾸 거짓말을 해요. 앞뒤가 맞지 않아 금세 들통이 나는데도 한 번 시작한 거짓말은 멈출 줄을 몰라요. 거짓말을 둘러대기 위해 또 거짓말을 하고… 어떤 때는 저를 위해서 거짓말을 한 거라고 말해요. 이 말도 물론 거짓말이겠죠? 이젠 친구가 하는 모든 말은 의심부터 하고 봐요. 그러면 너무 피곤하고 기분만 나빠져요. 이 친구를 어떡하면 좋을까요?

 **거짓말이 도움이 되지 않는다고 분명히 말해요.**

거짓말을 하는 이유는 다른 사람에게 잘 보이고 싶은 마음 때문일 수도 있고 반대로 다른 사람을 보호하기 위한 것일 수도 있어요. 거짓말은 아무리 좋은 의도였다고 해도 한번 시작하면 더 많은 거짓말을 하게 만들어요. 그리고 결국에는 탄로 나기 마련이죠.

친구의 거짓말이 문제 된다면 솔직한 마음을 밝히는 것이 좋아요. 친구 간에 신뢰가 깨져서 더 이상 친구 관계를 유지하기 힘들다고요.

거짓말이 습관이 되어 입만 열면 거짓말을 늘어놓는다면 더 이상 친구로 지내지 않는 것이 좋아요. 이미 그 친구와 신뢰가 깨졌다면 관계를 유지하기도 어렵고 둘 사이 우정도 거짓일 가능성이 크니까요.

Q4. 가끔씩 나만 친한 친구로 생각하는 것 같아요.

세상에서 제일 친하다고 생각하는 친구가 다른 친구한테 저와 별로 친하지 않다고 했대요. 어떻게 그럴 수 있죠? 제 입장에서는 저보다 그 친구를 먼저 챙기고 배려했어요. 제 비밀을 털어놓는 것은 물론이고 그 친구에게 무슨 일이 생길 때마다 얘기도 다 들어 주고 위로해 줬는데… 저를 보통의 친구들과 똑같이 생각했다니 약간 배신감이 들어요. 저만 바보가 된 기분이라고요.

 친한 기준이 서로 다를 수 있어요.

내가 친구를 생각하는 만큼 친구는 나를 생각하지 않는다는 걸 알게 되면 충격이 클 거예요. 배신감이 들거나 혼자만 바보가 된 것처럼 느껴진다는 마음도 충분히 공감할 수 있어요.

하지만 나와 친구의 생각이 항상 같을 수는 없어요. 때로 뭐든 착착 잘 맞는 것처럼 느껴질 수 있지만 그런 때에도 친구와 완전히 똑같은 생각을 하는 것은 아니에요. 그렇다고 착각하는 것이지요.

친구 관계에서 사람마다 친한 기준은 서로 다를 수 있어요. 이런 차이가 이상하거나 잘못된 것은 아니에요. 오히려 차이를 인정하고 관계의 거리를 잘 조정하는 것이 중요해요.

친구와 나 사이에 친함의 정도가 다르다는 사실을 알게 된 것은 오히려 잘 된 일일 수 있어요. 적당한 거리로 관계를 조정할 기회니까요.

Q5. 친구들이 나를 따돌려요.

여럿이 무리를 지어 함께 어울리는 친구들이 있어요. 그런데 언제부터인가 친구들이 저만 빼놓고 자기들끼리만 이야기를 하기 시작하는 거예요. 같은 무리에 있어도 저는 존재감 제로예요. 모둠을 짤 때도 그렇고 채팅할 때도 그렇고 일부러 저만 따돌리는 거 같아요. 제가 특별히 잘못한 것 같지도 않은데 말이에요. 어떻게 해야 할지 고민이 많이 돼요.

 **친구들 무리에서 내 역할을 먼저 생각해 봐요.**

함께 어울리던 친구들이 나만 따돌린다는 느낌을 받을 때 정말 속상할 거예요. 딱히 잘못한 것도 없는데 그러면 억울하기도 하고요. 하지만 어떤 친구들과 한번 어울리기 시작했다고 무조건 잘 지내야 하는 것은 아니에요. 그런 부담을 갖는다면 더 힘들 거예요.

먼저, 이 무리에서 나의 역할이 무엇인지 생각해 보세요. 서로 동등한 관계로 영향력을 행사하고 있는지 말이에요. 만약 다른 친구들의 의견을 무조건 따르기만 한다면 함께 어울릴 이유가 없지요. 무리 속에서 내가 주도적으로 할 수 있는 일이 있어야 해요. 그걸 인정하지 않는 친구와는 친구 관계를 그만둬도 괜찮아요.

함께 지내던 무리와 어울리지 않으면 외톨이가 될까 걱정하지 마세요. 우리에게는 시간이 해결해 주는 일들이 참 많답니다. 머지않아 새로운 친구들이 또 생길 거예요.

Q6. 친구들에게 괴롭힘당하는 친구를 도와줘야 할까요?

아이들이 대놓고 놀리고 괴롭히는 친구가 있어요. 맨날 당하기만 해서 보는 내가 더 안타깝지만 그 아이 편을 들다가 저도 같이 당할까 봐 두려워서 그러지 못해요. 어른들도 다른 아이들 일에 함부로 끼어들지 말라고 하고요. 하지만 계속 그 아이가 괴롭힘당하는 모습을 보고도 가만있자니 마음이 너무 무겁고 불편해요. 어떻게 해야 할까요?

A6. 나라면 어떻게 해 주길 바랐을지 생각해 봐요.

다른 친구가 괴롭힘당하는 것을 보면서 속상함을 느낀다는 것만으로도 대단한 거예요. 그건 그 아이의 고통에 공감할 수 있다는 뜻이거든요. 하지만 무엇을 어떻게 해야 할지 모르겠다고요?

먼저, 괴롭힘당하는 친구의 자리에 자신을 대입해 보세요. 내가 괴롭힘당할 때 다른 친구들이 아무도 나서지 않는다면 기분이 어떨까요? 나라면 무엇을 원했을까요? 누군가 나서서 이 괴롭힘을 멈춰 줬으면 좋겠다고 생각하지 않을까요? 그리고 더는 괴롭힘당하고 싶지 않다고 생각하겠죠?

어때요? 이제 감이 잡히나요? 이처럼 공감은 무엇을 어떻게 해야 하는지 알려 주는 귀중한 감정이에요. 두려움이 앞서 그 감정을 더 명확하게 느끼고 대안을 만드는 데 사용하지 못했을 뿐이지요.

괴롭힘당하는 친구를 도와줄 수 있는 방법은 나서서 맞대결을 하는 것만 있는 건 아니에요.

언제 어떻게 친구를 괴롭히는 일들이 일어났는지 꼼꼼히 기록하고 증거를 만들어서 선생님, 부모님, 다른 전문가들에게 도움을 청하는 것도 좋은 방법이에요. 단순히 이르는 것이 아니라 증거를 가지고 해결해 주기를 청하는 거지요. 이때 뜻을 같이 하는 친구들과 함께 힘을 모으는 것이 중요하답니다.

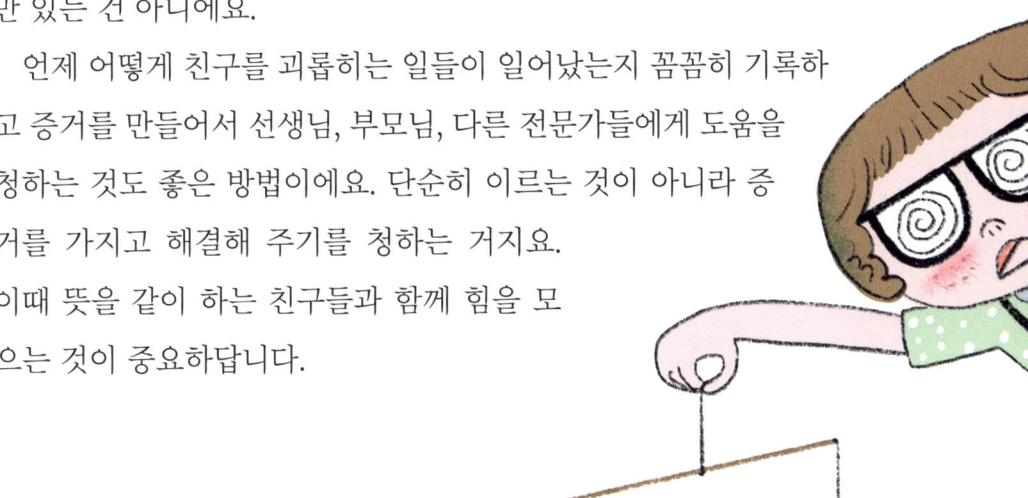

Q7. 친구가 부러워서 질투가 나요.

우리 반에는 운동도 잘하고 춤도 잘 추고 얼굴까지 예뻐서 인기가 많은 친구가 있어요. 그 아이는 모든 것을 다 갖춘 것처럼 보여요. 집도 부자고 공부도 잘하거든요. 문제는 그 아이가 나와 친한 친구라는 거죠. 별로 친하지 않았다면 그냥 그런가 보다 했을 거예요. 친한 친구가 너무 잘하는 게 많으니까 질투가 나요. 어떡하면 좋죠?

A7. 내가 잘할 수 있는 것에 집중해요.

친한 친구가 나보다 잘하는 게 많으면 부러운 건 당연해요. 이때 질투의 감정과 시기심을 구분하는 것이 중요해요.

질투는 상대에 대한 부러움으로 나도 그와 같은 위치에 오르고 싶은 마음이에요. 그래서 나도 잘하려고 노력하는 거죠. 하지만 시기심은 달라요. 상대에 대한 부러움이 미움이 되어 잘난 상대를 망쳐 버리고 싶은 마음이지요. 그래서 상대를 험담하거나 모함해서 나쁜 일을 당하게 만드는 거예요.

질투는 나를 더 발전시키는 힘이 될 수 있어요. 그러려면 친구가 잘하는 것을 잘한다고 인정해야 해요. 친구가 나보다 더 가진 것이 많다면 그것도 부럽다고 인정하세요. 그리고 부러운 친구가 잘하는 것을 따라 하는 게 아니라 내가 잘하는 것을 찾으세요. 남이 잘하는 것만 쫓아가면 내가 그것을 잘하지 못할 때 시기심에 나까지 망쳐 버릴 수 있어요. 하지만 내가 잘하는 것이 한 가지라도 있다면 자신감이 생겨서 나를 더 발전시킬 수 있는 힘이 생길 거예요.

Q8. 친구가 자꾸 약속을 까먹어요.

제 친구 중에 매번 약속을 지키지 않는 친구가 있어요. 약속 시간에 늦는 건 기본이고 빌려 간 물건이나 돈을 제때 되돌려준 적이 거의 없어요. 대여섯 번은 확인하고 재촉해야 겨우 빌려준 물건이나 돈을 돌려받을 수 있어요. 어떤 때는 얘가 나를 무시하나 하는 생각도 든다니까요. 하지만 돈이든 물건이든 빌려주기 싫다고 말하면 서운하다고 난리를 치니 안 빌려주기도 그렇고… 이 친구를 어떡하면 좋을까요?

A8. 약속을 어기는 것도 습관이에요.

약속은 혼자만 할 수 있는 게 아니에요. 쌍방의 합의로 약속이 만들어지는데 일방적으로 약속을 지키지 않는다면 상대는 당연히 불쾌할 수밖에 없지요. 약속을 잘 지키지 않는 사람들 중에 의도적으로 그러는 사람은 몇 명 되지 않아요. 대부분 자기도 모르게 잊어버려요.

알고 보면 약속을 지키는 것도 어기는 것도 습관이에요. 약속 시간에 늦는 사람은 늘 그래요. 빌린 것을 제때 돌려주지 않는 사람도 그렇고요. 이것이 습관으로 굳어진 이유는 약속을 지키지 않아도 큰 어려움을 겪지 않았기 때문이에요. 그러니 약속을 지키지 않는 친구와 이대로 관계를 유지하고 싶다면 그러려니 하고 지낼 수밖에요.

그게 아니라면 지금부터라도 약속을 꼭 지켜 줬으면 좋겠다고 솔직하게 말하세요. 이를테면 세 번 이상 약속을 어기면 친구 관계를 그만두겠다는 약속장을 친구와 함께 만드는 거예요. 그럼에도 불구하고 계속 약속을 어긴다면 그 친구는 나와 더 이상 친구 관계를 유지하고 싶은 마음이 없다고 생각해도 돼요.

약속장 서로 약속한 내용을 증거로 적어 놓은 문서를 말해요.

Q9. 친구가 내 뒷담화를 하는 것 같아요.

집에 가는 길에 무척 속상한 얘기를 들었어요. 단짝 친구라고 생각했던 아이가 뒤에서 내 욕을 하고 다닌다는 거예요. 친한 친구라서 믿고 제 속내를 털어놨던 건데 그 얘기를 다른 아이들에게 그대로 말했다지 뭐예요. 제 흉까지 보면서요. 친구에게 배신당했다는 생각에 화가 나요. 그래도 모른 척하고 꾹 참아야 하는 걸까요? 아니면 따져 물어야 하는 걸까요?

 친구에게 **직접 해명할 기회**를 주세요.

친한 친구가 다른 친구에게 내 뒷담화를 하고 다닌다는 얘기를 듣고 무척 속상했을 거예요. 그래도 가장 먼저 사실 확인을 할 필요가 있어요. 당사자가 아닌 다른 친구에게 그런 얘기를 전해 들은 거니까요.

혹시라도 내 뒷담화를 한 사실이 드러났다고 해서 그 친구를 공개적으로 창피를 주거나 비난하는 것은 좋지 않아요. 내가 직접 친구의 뒷담화를 들었다고 해도 먼저 화를 내는 것도 좋지 않고요. 뒷담화를 한 친구가 궁지에 몰리면 잘못을 인정하기보다 방어적이 되어 오히려 싸움을 걸 수도 있거든요. 그렇다고 꾹꾹 참는 것도 그다지 좋은 방법은 아니에요. 참는다고 문제가 해결되는 것도 아니고요.

일단 그 친구와 조용히 만나 서운한 마음을 전하세요. 정말로 좋은 친구로 지내고 싶었던 진심을 전하는 것도 잊지 말고요. 그리고 뒷담화로 인해 친구들 사이에 오해가 생겼다면 그 친구에게 직접 해명하는 것이 좋겠다고 말하세요. 내가 직접 나서는 것보다 뒷담화를 한 그 친구가 자기 잘못을 인정할 수 있어야 해요.

Q10. 친구에게 절교하자고 말해도 될까요?

저에게는 예전부터 사이가 안 좋은 친구가 있어요. 서로 대놓고 싸우는 건 아니지만 한자리에 있는 것도 몹시 불편하고 신경 쓰여요. 어려서부터 한동네에 살았기 때문에 부모님들도 친하고, 늘 같이 다녀서인지 다른 아이들은 둘이 아주 친한 줄 알아요. 하지만 이렇게 불편하게 계속 어울리고 싶지 않아요. 이젠 너와 친구 하고 싶지 않다고, 같이 어울려 다니는 것도 그만하자고 말하면 안 될까요?

A10. 친구 관계도 성장과 변화의 주기가 있어요.

　친구 관계도 생애 주기가 있어요. 즉, 생겨나고 쑥쑥 자라서 활발하게 관계를 맺다가 시들해져서 끝내 없어지지요. 그런데 이 주기는 관계마다 차이가 있어요. 어떤 친구 사이는 금세 좋아졌다가 피식 시들어 버리는 짧은 주기를 갖는 반면 어떤 친구 사이는 나이가 들어서까지 유지되는 긴 주기를 갖지요.

　친구와 절교를 생각할 정도로 불편함을 느끼는 건 친구와 나 사이의 관계가 주기 끝 쪽에 와 있는 것일 수 있어요. 단순히 싸우고 화해하고 다시 친해질 수 있는 사이가 아니라면 관계를 끝내는 것이 서로에게 더 좋을 수 있지요. 그래야 더 좋은 친구 관계를 만들기 위해 관심을 기울이고 에너지를 쏟을 수 있거든요.

　하나부터 열까지 맞지 않는 친구와 억지로 관계를 끌어가다 보면 몸도 마음도 망가질 수밖에 없어요. 그러니 내가 먼저 친구 관계를 그만두자고 말하는 것이 나쁜 행동이라고 생각하지 마세요. 어쩌면 친구도 같은 생각을 하고 있는데 말하지 못하는 걸 수도 있으니까요. 괜히 낯 붉히고 안 좋은 소리를 하면서 친구 관계를 끝낼 이유는 없어요. 서로 기분 나쁘지 않게 솔직한 이야기를 나누는 용기를 가지세요.

친구가 다른 친구랑 어울려 서운한 마음이 들 땐 이렇게 해 봐요!

생각 서랍 정리하기

머릿속 서랍 안에는 나에게 도움이 되는 생각과 방해가 되는 생각이 한데 뒤섞여 있어요. 아래 그림에서처럼 방해가 되는 생각은 여러분에게 도움이 되지 않아요.

친구가 다른 친구랑 노는 것은 나랑 절교하겠다는 뜻이 아니에요.

친구가 나랑 모둠 활동을 하지 않는 것은 내가 싫다는 뜻이 아니에요.

반대로 아래 그림에서처럼 객관적인 생각은 친구의 입장을 헤아리는 데 도움이 되지요.

게임할 때는 못하는 친한 친구랑 하는 것보다 잘하는 다른 친구와 하는 것이 더 재밌어요.

모둠을 짤 때는 친한 친구를 뽑는 것보다 잘하는 친구를 뽑는 것이 좋아요.

위와 같은 방법으로 서랍을 열어 생각을 정리하는 거예요. 방해가 되는 생각은 극단적이거나 부정적인 쪽으로 치우쳐 있어요. 이런 생각들을 골라내서 쓰레기통에 버리는 모습을 상상해 보세요. 비워진 자리에는 객관적인 생각들을 집어넣는 거예요. 이제 조용히 서랍을 닫아요. 이 과정을 성공적으로 마쳤다면 천천히 고개를 끄덕여 보세요. 이렇게 생각을 비워 내면 서운한 감정을 다스릴 수 있어요.

친구 범위 넓히기

　친한 친구가 다른 아이와 어울리는 것을 누구의 탓으로 돌리지 마세요. 내가 싫어서 그러는 것도 아니고 다른 아이의 꼬임에 빠져서 그런 것도 아니에요. 복잡하게 생각하지 말고 자연스럽게 어울리세요. 모두 내 친구가 될 수 있을 테니까요.

- 친구가 다른 아이랑 이야기할 때 나도 자연스럽게 끼어들어요.
- 친구랑 다른 아이가 놀고 있으면 나도 같이 놀자고 말해요.
- 내가 잘 모르거나 못하는 것이라도 모른 척하지 않아요.

　친구들 사이에 끼어들어 같이 놀자고 말하고 행동하는 것을 자존심 상하는 일이라고 생각하지 마세요. 오히려 친구의 범위를 넓힐 수 있는 기회라고 생각하세요. 단둘이서만 친하게 지내야 한다는 생각을 버리면 나에게도 더 많은 친구가 생길 수 있어요.

절교할까? 말까?

어울리지 않는 것이 더 좋은 친구 관계도 있어요.

★ 나쁜 친구 관계 그만두기

'근묵자흑(近墨者黑)'이란 말이 있어요. 먹을 가까이하면 검어진다는 뜻으로 나쁜 친구를 사귀면 나쁜 영향을 받는다는 충고이지요. 그렇다면 누가 나쁜 친구일까요?

다른 사람을 존중하지 않고 멋대로 하는 친구

다른 사람들 사이를 이간질하는 친구

욕을 하거나 폭력을 행사하는 친구, 돈을 빼앗거나 부당한 요구를 하는 친구

범죄가 될 수 있는 행동을 시키거나 같이 하자고 하는 친구

이런 친구들과는 절교를 선언한다고 해서 그 관계가 쉽게 끝나지 않아요. 당당하게 밝힐 수 없는 일들에 서로 얽혀 있기 때문이에요.

　　이럴 땐 그 친구들과 완전히 떨어져 지내는 것이 좋아요. 그래야 그 친구들에게서 벗어날 수 있어요. 그래도 학교나 동네에서 자꾸 마주치게 된다면 부모님이나 선생님, 전문적인 역할을 하는 어른들에게 도움을 청하세요. 물론 잘못한 일이 있다면 솔직하게 말해야 하고요.

　　손에 묻은 먹물을 지우려면 비누로 깨끗이 씻어야 하는 것처럼 나쁜 친구 관계를 그만두기 위해서는 많은 노력이 필요해요.

★ 맞지 않은 친구와 억지로 끼워 맞추지 않기

　　친구니까 무조건 잘 지내야 하는 건 아니에요. 나쁜 친구가 아니어도 친구 관계를 그만두는 것이 서로에게 좋을 수 있어요. 서로의 차이가 너무 커서 감당하기 어려운 경우라면 말이에요.

성격이 너무 다른 친구

생활 습관이 너무 다른 친구

취향이 너무 다른 친구   씀씀이가 너무 다른 친구

　처음에는 서로 다른 점 때문에 호기심이 생겨 친구가 되었을 거예요. 하지만 시간이 지날수록 오히려 다른 점이 많아서 서로 불편해질 수도 있어요. 이런 상황이라면, 아래 제시한 방법대로 해 보세요.
　첫 번째, 친구에게 어떤 점이 가장 힘든지 속마음을 터놓고 말해 보세요. 힘든 이유에 옳고 그름은 없어요.
　두 번째, 한동안 함께 하는 시간을 줄이세요. 거리를 두면 서로를 제대로 볼 수 있는 여유가 생길 거예요.
　세 번째, 정해진 시간이 흐른 뒤에 다시 만나 이야기를 나누세요. 계속 거리를 두고 지낼 것인지 다시 함께 할 것인지 정할 수 있어요.
　다시 단짝 친구로 지낼 수 없다고 속상해하거나 미안해하지 마세요. 친구마다 서로 힘들지 않게 잘 지낼 수 있는 감정의 거리가 다른 거예요. 어떤 친구는 아주 가까이 있어도 편안한 반면 어떤 친구는 멀리 떨어져 있는 것이 편할 수 있지요.
　저마다의 적당한 거리를 조정할 수 있다면 훨씬 건강한 친구 관계를 만들어 갈 수 있어요.

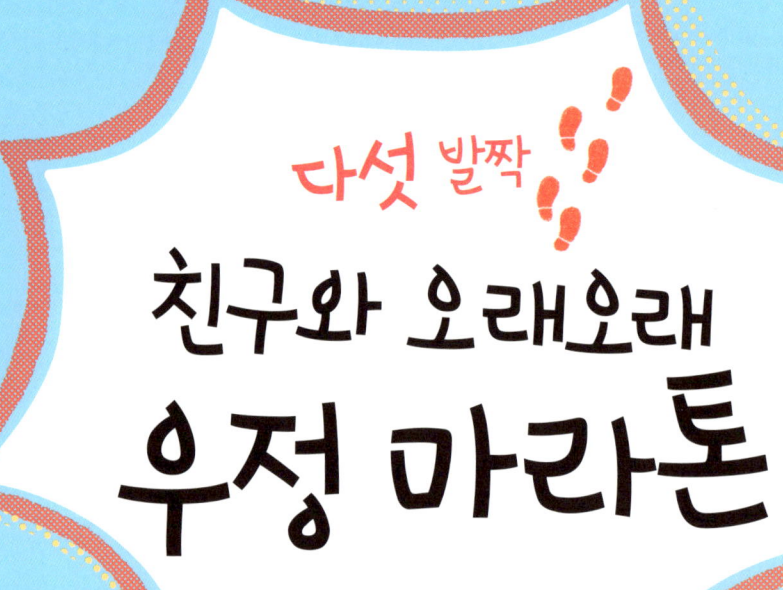

친구와 오래도록 좋은 사이로 지내려면 서로의 노력이 필요해요.
자주 연락하고, 자주 만나고, 자주 이야기를 나누는 시간을 만들어야 하는 것처럼요.
화분에 물 주듯 서로에게 꾸준히 관심을 기울여 보세요.
그렇게 서로의 정성이 쌓여 해가 바뀌고 동네가 바뀌고 학교가 바뀌어도
끄떡없는 탄탄한 우정이 완성되는 거랍니다.

Q1. 평생 친구란 어떤 친구일까요?

저는 평생 친구를 사귀고 싶어요. 그런 친구는 어떻게 만들 수 있나요? 친구들과 어른이 되어서도 계속 만나려면 다 같이 좋은 대학에 들어가서 좋은 직장을 얻어야 할까요? 지금 제가 사귀고 있는 친구들과 나이가 들어서까지 함께 어울릴 수 있을까요?

A1. 지금 어울리고 있는 친구들이 평생 친구랍니다.

    친구들과 오래도록 관계를 유지하는 건 정말 어려운 일이에요. 하지만 평생 함께 할 친구를 만드는 게 아예 불가능한 일은 아니지요.

    우리는 나이가 들어감에 따라 여러 사람들과 만나고 헤어져요. 어느 때고 새로운 친구를 사귈 수 있지만 어려서부터 만난 친구와는 조금 다른 관계를 맺게 되지요. 이상하게 어렸을 때 만났던 친구는 중간에 만나지 못한 시간이 있었다 하더라도 다시 만났을 때 금세 친밀감을 느끼고 허물없이 대할 수 있어요. 아무 계산 없이 순수한 마음으로 만나 그 귀한 시간들을 공유하고 있는 친구들이기 때문일 거예요.

    기억하세요. 지금 만나고 있는 친구들이 바로 평생을 함께 할 수 있는 소중한 친구들이라는 사실을요. 평생 친구는 시간이 흘러도, 서로 다른 입장과 생활을 하고 있어도 변함없이 여러분의 곁에 남을 친구랍니다.

Q2. 친구가 싫증 나는데 어떡하죠?

늘 같이 다니는 단짝 친구가 있는데, 요즘은 걔랑 같이 있는 게 좀 싫고, 많이 지루해요. 다른 아이들을 보면 웃고 떠들면서 재밌게 노는데 우린 각자 멍하니 딴생각만 하고 있는 것 같아요. 서로에 대해 잘 알다 보니 할 말도 점점 없어지고요. 처음엔 친구가 배시시 웃는 모습이 좋아 보였는데 이젠 바보 같아 보이고 이유 없이 얄밉고 짜증이 나요. 친구가 저한테 시비를 걸거나 잘못한 건 없어요. 그런데 요즘 부쩍 제가 이상해진 것 같아요. 예전처럼 얼굴만 봐도 반갑고 좋은 친구 사이로 돌아갈 수 있을까요?

A2. 친구 사이에도 권태기가 있어요.

권태기는 관계가 시들해져서 지루함을 느끼는 시기를 말해요. 주로 연인이나 부부 사이에 나타나는데, 친구 사이에도 권태기가 올 수 있어요. 만난 지 얼마 되지 않은 사이에는 권태기가 없어요. 서로에게 어느 정도 적응이 된 시기에 권태기가 찾아오지요.

친구가 하는 모든 말과 행동이 싫증 날 정도라면 얼마 동안 친구와 거리를 두는 것이 좋아요. 억지로 참으면서 만나면 관계가 더 나빠질 수 있어요.

하지만 아무 이유나 설명도 없이 무턱대고 친구에게 당분간 만나지 말자고 하면 친구 관계가 완전히 끝날 수도 있어요.

좋은 친구인 게 분명하다면 현재 상황을 솔직히 고백하고 함께 해결 방안을 찾는 것이 좋아요. 친구도 아마 요즘 둘 사이가 예전 같지 않다는 것을 느끼고 있을 테니까요.

긴장감 있는 새로운 일에 함께 도전하는 것도 좋은 방법이에요. 좋아하는 아이돌 그룹의 춤을 함께 배운다든지, 노래를 배운다든지 등등 말이지요. 콩닥콩닥 가슴이 뛰고 긴장감을 느낄 수 있는 일이면 무엇이든 좋아요. 새로운 경험을 친구와 함께 공유하다 보면 둘 사이도 자연스럽게 좋아질 거예요.

Q3. 우정 템이 우정을 유지하는 데 도움이 될까요?

최근 부쩍 친해진 친구가 있어요. 좋아하는 것도 비슷해서 잘 통하는 거 같아요. 딱 한 가지만 빼고요. 그 친구는 물건 사는 걸 좋아해요. 문제는 우정이라는 이름으로 저에게 똑같은 물건 사기를 강요해요. 우정 반지, 우정 수첩, 우정 티셔츠… 온갖 물건에 '우정'을 갖다 붙여요. 우정 템이 싫은 건 아니지만 점점 부담스럽고 우정을 강요하는 것 같아서 마음이 안 좋아요. 친구는 이런 우정 템을 가지고 있어야 친구 사이가 깨지지 않고 오래간다고 하는데, 그 말이 사실인가요?

A3. 우정 템이 꼭 필요한 건 아니에요.

친구끼리 우정을 기념할 만한 물건을 가지고 있는 게 나쁜 건 아니에요. 그렇다고 꼭 필요한 것도 아니지요. 그런 물건이 있어야만 친구 관계가 계속되는 것도 아니고요.

우정의 징표로 물건을 사는 것도 좋은 추억이 될 수는 있어요.

하지만 우정 템으로 서로의 우정을 평가하면 곤란해요. 억지로 친구에게 강요해서도 안 되고요. 친구가 우정 템을 거부한다면 나를 더 이상 친구로 생각하지 않아서라는 편협한 생각은 금물이에요. 사람 마음은 물건처럼 쉽게 잃어버릴 수 있는 게 아니거든요. 반지나 팔찌 같은 물건이 친구와 우정을 나누는 하나의 매개체가 될 수는 있겠지만 친구와 우정을 가꿔 나가는 데 필요한 건 결국 물건이 아니라 마음이니까요.

Q4. 말하지 않아도 내 마음을 알아줘야 진짜 친구 아닌가요?

얼마 전 친한 친구에게 섭섭한 일이 있었어요. 모둠 회의를 할 때 제 의견을 딱 잘라 버리고 제가 제일 싫어하는 아이의 의견이 좋다고 했어요. 제가 걔를 얼마나 싫어하는 줄 알면서 어떻게 그럴 수 있죠? 저는 친구에게 화가 나서 하루 종일 말도 안 하고 있는데 친구는 왜 화가 났는지 모르겠지만 화를 풀었으면 좋겠다고 하는 거예요. 뻔히 알면서 딴청을 피우는 걸까요? 어떻게 제가 화난 이유를 모를 수 있어요? 친한 친구라면 말하지 않아도 마음을 알아줘야 하는 거 아닌가요?

A4. 마음을 알아줄 거라는 생각은 오해만 키워요.

　친한 친구 사이에 가장 위험한 착각은 내 친구는 말하지 않아도 내 마음을 잘 알아줄 거라는 거예요. 여기에 다른 착각들도 붙게 되는데, 앞쪽에 '말하지 않아도'가 붙는다면 뒤쪽에는 '알아야 한다'를 붙이죠. 이게 왜 잘못된 착각이냐면 보이지도 않고 들리지도 않고 말하지도 않은 것을 친구니까 당연히 알아줘야 한다는 생각에서 비롯되었기 때문이에요. 더 나아가 친구가 내 마음에 대해 어떻게 이해했는지 말해 주지 않는다면 나는 그 친구가 내 마음을 이렇게 이해했다고 또 다른 착각을 하게 되지요. 결과적으로 착각은 오해를 낳고, 오해는 싸움을 낳아 친구 사이를 멀어지게 할 수 있어요.

　친구 사이가 착각과 오해로 채워지길 바라나요? 그렇지 않다면 친구에게 서운했던 마음을 솔직하게 말해 주세요. 말하지 않은 마음은 그 누구도 알 수 없답니다.

Q5. 가끔씩 친구의 말에 혼자 상처를 받아요.

제 친구는 다른 아이들도 부러워할 정도로 멋져요. 키도 크고 날씬하고 똑똑하기까지 해요. 그런데 딱 한 가지 문제가 있어요. 그 친구는 '못생기고 키 작은 애들이 꼭 까탈스럽다'는 식으로 외모와 성격을 연관 짓는 말을 자주 하는데 '그런 애들'에 나도 포함되는 것 같아 속상해요. 친구는 지나가는 말로 했겠지만 저는 혼자 마음속으로 상처를 받아요. 그럴 때마다 참아야 할까요?

A5. 참으면 상처만 더 깊어져요.

마음에 난 작은 상처는 돌보지 않으면 심각해져요. 상처가 계속되면 나도 모르게 곪아 터질지도 몰라요. 좋은 친구 관계를 만들어 가고 싶다면 친구와 마음의 상처에 대해 터놓고 이야기를 나누세요.

어떤 말이 상처가 되는지 구체적으로 말해 주는 것이 좋아요. "네 말에 상처받았어."라는 정도의 표현으로는 정확하게 전달이 안 될 수도 있어요. 그 말이 왜 상처가 되는지 구체적으로 설명해 주는 것이 좋아요. 친구는 나쁜 의도를 가지고 그런 말을 한 것이 아니기 때문에 상처받았다는 말에 어리둥절할 수 있거든요.

때로는 친구의 말이 감추고 싶은 것을 쿡쿡 건드렸을 수 있어요. 그런 경우는 상처에 대해 솔직히 밝히기가 어렵죠. 그때는 "네 말이 좋게 들리지 않아!"라고 반응해 보는 것도 괜찮아요. 이런 말을 할 때 화를 내는 것처럼 보여서도 안 되지만 별것 아니라는 투로 말하는 것도 좋지 않아요. 차분하고 진정성 있는 태도를 보여 주세요. 서로 상처받지 않고 좋은 친구 관계를 원한다면 솔직하게 말하고 서로 이해의 폭을 넓혀 가는 과정도 필요해요.

Q6. 자기 말만 하고 듣지 않는 친구가 있어요.

친구 중에 혼자만 떠드는 아이가 있어요. 여러 명이 같이 이야기를 나누든 단둘이 이야기를 나누든 늘 자기 말만 해요. 다른 사람이 하는 말은 전혀 듣지 않아요. 중간에 끼어들어서 맥을 뚝뚝 끊는 것도 다반사고요. 걔랑 이야기를 하다 보면 짜증이 나서 그냥 그래라 하고 놔두는 건데 걔는 그런 줄도 모르고 더 신나서 떠들어요. 이 친구를 어쩌면 좋을까요?

A6. 대화의 규칙을 정해요.

친구가 일방적으로 자기 말만 하면 대화를 이어 가기가 참 힘들죠. 이런 상황이 반복되면 점점 그 친구와 대화를 피하게 되고 결국 친구 사이가 오래가지 못해요. 좋은 친구 사이를 유지하고 싶다면 변화가 필요하겠죠?

그 친구는 대화가 아니라 일방적으로 자기 말만 하고 있다는 사실을 깨닫지 못할 수 있어요. 무엇이 잘못되었는지 알아야 고칠 수도 있거든요.

서로의 대화를 되짚어 볼 수 있는 방법을 소개해 볼게요. 바둑을 둘 때도 어느 부분에서 잘했고, 어느 부분에서 실수를 했는지 알아보기 위해 바둑을 두었던 대로 다시 처음부터 놓아 보는 과정을 거쳐요. 서로의 대화를 똑같이 다시 해 보면서 누가 말을 더 많이 하는지 비교해 보는 거지요. 이때 마치 놀이를 하듯 즐거운 분위기를 만드는 것이 좋아요.

또 친구들과 대화의 규칙을 정할 수도 있어요. 한 사람이 말할 수 있는 시간을 정해 놓고 대화를 해 보거나 서로 번갈아 가며 말하고 듣는 순서를 정하는 것도 괜찮아요. 이런 규칙을 재미있게 만들면 서로 기분 나쁘지 않고 마치 게임하듯 즐거운 대화를 나눌 수 있을 거예요. 이렇게 해서 대화를 잘 주고받을 수 있다면 친구 관계가 더 돈독해지지요.

Q7. 친구의 친구가 좋은데 어떡하죠?

어려서부터 단짝으로 지내던 친구에게 남자 친구가 생겼어요. 친절하고 좋은 아이여서 셋이 함께 어울려 다닐 때도 많아요. 그런데 언제부터인가 그 남자아이가 좋아지기 시작했어요. 둘이 만나는데 일부러 찾아가기도 하고 친구 몰래 문자를 보낸 적도 있어요. 친구의 남자 친구를 좋아하는 건 그 친구를 배신하는 거죠? 그래도 자꾸자꾸 그 아이가 좋아지는데 어떡하면 좋을까요?

 **A7.** 더 소중한 관계를 선택해요.

사랑과 우정 사이에서 고민하는 건 옳고 그름으로 판단할 수 있는 문제는 아니에요. 사람이 사람에게 마음이 가는 것을 억지로 막을 수는 없으니까요.

먼저 확인해야 하는 것은 남자아이의 마음이에요. 만약 나 혼자 좋아하는 거라면 과감히 포기할 줄도 알아야 하지요. 그런데 그 남자아이도 나한테 마음이 있다면 얘기가 달라져요. 세 사람 모두 이 사실을 알아야 하고 둘 중 하나를 선택해야 하지요. 친구에게 감정을 숨기는 건 일을 더 복잡하게 만들 뿐이에요.

각자의 선택으로 가져올 수 있는 결과는 다양해요. 친구와 나, 둘 중 한 사람이 남자 친구와 커플이 되거나 둘 다 남자 친구를 포기할 수 있어요. 더 나아가서는 세 사람 중 누구도 친구로 남지 않을 수도 있지요.

앞으로 더 오랫동안 친구로 남을 사람이 누구인지 생각해 보세요. 그 답에 따라 앞서 말한 것과는 완전히 다른 선택을 할 수도 있답니다.

Q8. 친구의 단점을 내가 고칠 수 있을까요?

　제 친구는 낭비가 너무 심해요. 용돈을 그만큼 많이 받는지는 몰라도 계획에도 없는 물건을 사고, 필요 없다고 그냥 버리기도 해요. 분식집에 가서도 이것저것 마구 시켜 놓고 다 남기고 와요. 저는 집에서 음식을 조금이라도 남기면 엄마한테 혼나거든요. 친구의 행동들은 저랑 맞고 안 맞고를 따질 게 아니라 고쳐야 할 단점 아닌가요? 제가 친구의 단점을 고칠 수 있을까요?

A8. 친구의 단점을 먼저 이해해 봐요.

우리는 내 마음에 들지 않는 부분을 다른 사람의 단점이라고 생각하지요. 하지만 내 입장에서 보면 단점인 것도 당사자 입장에서는 그렇지 않을 수 있어요. 단점 또는 장점은 입장에 따라 달라질 수 있다는 얘기지요.

그러니 단점이라고 생각되는 것에 대해서도 먼저 그렇게 행동하는 이유를 찾아보세요. 분명 그럴 만한 이유가 있을 거예요. 예를 들어, 음식점에서 한 번에 여러 가지를 주문하고 남기는 친구는 '음식을 남기는 것'보다 '여러 가지 음식을 맛볼 수 있는 것'이 더 좋다고 생각할 수 있죠. 친구가 그렇게 행동한 이유를 들어 보고 더 좋은 방법을 함께 찾는다면 그런 행동이 더 이상 단점으로 보이지 않을 거예요. 이 방법은 마음에 들지 않는 친구의 모습을 무조건 받아들이는 것과 달라요. 왜 그런가를 이해하고 함께 더 좋은 방법을 찾아보는 거니까요. 이러한 과정을 통해 친구도 나도 다양한 대안을 가진 현명한 사람으로 성장하는 거랍니다.

Q9. 친구에게 얼마만큼 거리를 두어야 적당한 건가요?

친구와 오랫동안 친하게 지내려면 적당한 거리를 두어야 한다고 하는데 저는 그 말뜻을 잘 모르겠어요. 친구와 신체 접촉을 하지 말라는 건가요? 아니면 자주 만나지 말라는 뜻인가요? 아니면 친구의 일에 사사건건 간섭하지 말라는 건가요? 적당한 거리가 어느 정도인가요? 어느 때 얼마큼 다가가고 어느 때 얼마큼 거리를 두어야 하는지 잘 모르겠어요.

 경계를 침범하지 않는 거리가 적당해요.

'1미터 이상 접근 금지!'처럼 분명한 거리를 알려 주면 좋겠지만 사람과 사람 사이의 거리에는 물리적 거리뿐만 아니라 심리적 거리도 존재해요. 친구끼리도 심리적 거리가 너무 가까우면 서로에게 상처를 줄 수 있고 너무 멀어지면 소원해지니 적당한 거리를 유지해야 해요. 그런데 '적당'이 항상 어렵죠.

사람과 사람 사이에는 서로를 별개의 사람으로 구분할 수 있는 '경계'가 있어요. 그런데 서로의 경계를 침범하기 시작하면 관계의 불균형이 시작돼요. 동등한 관계를 맺지 못하고 어느 한쪽에 지나치게 의존하게 되지요.

친구 사이에도 분명한 경계가 있어야 동등한 관계를 유지할 수 있어요. 친구가 무슨 행동을 하는지, 어떤 말을 하는지 내가 다 알아야 한다고 생각해서 사사건건 참견하거나 간섭하지 마세요. 또 친구가 부탁하지도 않은 일을 미리 해 주려고 나서지 마세요. 먼저, 도움이 필요한지 친구의 의견을 물어보고 도움이 필요하다고 하면 그때 도와주면 돼요. 그래야 건강한 친구 관계가 오래 지속될 수 있답니다.

Q10. 친구와 멀어지지 않으려면 어떻게 해야 할까요?

다른 동네로 이사를 간 것도 아닌데 친했던 친구 사이가 서먹서먹해졌어요. 얼마 전까지만 해도 숙제도 같이 하고 하루에도 몇 번씩 놀이터에서 함께 놀던 친구였는데 말이에요. 한동안 연락이 뜸해지더니 이제는 아예 서로 연락도 안 하게 되었어요. 어떨 땐 서로 인사도 안 하고 멀뚱멀뚱 쳐다만 보다가 지나칠 때도 있고요. 그 친구와 예전처럼 친하게 지낼 수는 없을까요?

 **친구 관계는 꾸준히 관심을 기울이는 게 중요해요.**

친구 관계도 시작과 끝이 존재해요. 그런데 생명 과학자들이 사람의 수명을 연장하는 기술을 개발한 것처럼 친구 관계도 더 오래갈 수 있도록 하는 방법이 있어요.

핵심은 친구와 연결된 끈을 놓지 않는 거예요. 화분을 키울 때도 물을 적당히 주고 때에 맞춰 분갈이를 해 줘야 잘 크는 것처럼 친구 관계도 마찬가지예요. 정성과 관심을 갖고 친구를 대해야 그 관계가 유지될 수 있지요. 그만큼 친구와 자주 연락하고 만나는 것이 중요해요. 신기하게도 자주 연락하는 사람들끼리 모이면 공감대가 만들어져서 할 말도 더 많이 생겨요.

그런데 친구와 연락을 하다 보면 항상 먼저 연락을 하는 쪽이 있어요. 만약 내가 항상 먼저 연락을 하는 쪽이라면 자존심이 상할 수 있어요. "왜 나만 연락해야 하지?" 이런 생각이 들 수도 있고요. 하지만 자존심 싸움은 친구 관계를 지속하는 데 방해 요소가 될 뿐이에요. 누가 먼저 연락하는지는 중요하지 않아요. 내가 먼저 챙기다 보면 친구도 손을 내밀고 나를 챙기게 될 테니까요.

무조건 져 주는 게
좋은 친구는 아니에요.

친구 사이, 힘의 균형

낯설게 들리겠지만 모든 인간관계에는 힘의 원리가 작동해요. 각자 서로에게 힘을 행사하고 있다는 말이에요. 힘이 센 사람은 더 큰 영향력을 행사해요. 관계에서 힘은 고정되어 있지 않아요. 늘 움직이지요. 상대가 더 큰 힘을 가질 때가 있고 내가 더 큰 힘을 가질 때도 있어요. 그 힘은 어떤 일에 대한 의사 결정을 할 때 드러나죠. 대개는 힘이 센 사람의 결정을 따르니까요.

임금과 신하, 주인과 노예 같은 관계가 아니라면 그 힘이 어느 한쪽에 치우쳐서는 안 돼요. 친구 사이에서는 더욱 그렇지요. 아래는 친구 사이에서 힘의 균형을 유지하기 위한 방법이에요.

나와 친구의 의견이 다르더라도 무조건 양보하지 않아요.

내가 어떻게 하고 싶은지 분명하게 표현해요.

나뿐만 아니라 친구의 의견도 존중해요.

번갈아 가며 의사 결정을 할 수 있도록 규칙을 정해요.

힘 있는 양보, 배려

친구와 의견 차이가 벌어졌을 때 상대방이 좀처럼 뜻을 꺾지 않을 수 있어요. 그 친구의 말이 옳고 그르고를 떠나서 고집을 부리는 거죠. 이때 우는 아이 달래는 것처럼 친구에게 져 주면서 자신이 더 성숙한 사람이라고 착각했다면 잘못된 거예요. "알았으니까 네 맘대로 해!" 하면서 양보한 것은 성숙하게 판단한 것이 아니라 주도권을 친구에게 넘겨 버린 거예요.

성숙한 사람이라면 그렇게 쉽게 주도권을 넘겨주지 않아요. 성숙한 사람은 친구와 동등한 관계를 유지하면서 협상을 하지요. 즉, 양보가 아닌 배려를 하는 거예요.

- 친구의 의견을 따르는 것이 이기고 지고의 문제가 아니라는 점을 확실히 해요.
- 친구의 의사 결정에 문제가 있다고 생각되는 경우, 어떤 문제의 가능성이 있는지 충분히 설명해요. 물론 친구의 의견도 충분히 들어 봐요.
- 친구의 의견을 따르기로 했다면 인정하고 받아들여요.
  긍정적인 결과에는 진심으로 기뻐하고, 부정적인 결과에는 비난보다 대안을 찾아요.

기억하세요. 좋은 친구 사이를 위해서는 배려가 필요한 것이지 무조건적인 양보가 필요한 건 아니랍니다. 한쪽의 지나친 양보는 건강한 친구 사이를 망칠 뿐이에요.

내 의견을 분명히 말하고 친구의 의견도 귀담아 들으며 적절한 소통을 할 줄 알아야 좋은 친구 관계를 유지할 수 있어요.

친구 때문에 웃기도 하고 울기도 해요.

★ 어려울 때 친구가 진짜 친구인 이유

우정이 아주 돈독한 친구 관계를 이르는 고사성어 '관포지교(管鮑之交)'를 들어 본 적 있나요? '포숙'을 진정한 친구를 대표하는 인물로 꼽는 이유는 '관중'이 불리하고 어려운 상황에 빠졌을 때 아랑곳하지 않고 도움을 주었기 때문이에요. 화가 난 왕이 자신까지 죽일지도 모르는데 목숨을 걸고 친구를 구하려고 했으니까요.

관포지교(管鮑之交)

'관포지교'는 춘추 시대 제나라의 관중과 포숙의 참된 우정을 일컫는 말이에요. 관중과 포숙은 각기 다른 왕(제후)을 섬기고 있었어요. 관중은 포숙이 모시는 소백이 왕이 되는 것을 막기 위해 소백에게 활을 쏘아 암살하려 했어요. 하지만 실패하고 말았죠.

결국 소백은 왕이 되었고 자신을 죽이려 했던 관중을 끌고 왔어요. 화가 난 소백왕 앞에서 모두가 벌벌 떨고 있을 때 포숙은 두려움을 무릅쓰고 관중을 지키려 했어요. 포숙은 관중이 주인을 모시는 자로서 자신의 책임을 다했을 뿐이니 그런 충신을 용서하고 벼슬을 내려 왕의 사람으로 만들라고 했지요. 다른 사람들은 말도 안 된다고 했지만 소백왕은 포숙의 용기와 친구에 대한 우정을 높이 사 관중을 받아들였어요. 관중은 이런 포숙의 우정을 두고 "나를 낳아 준 사람은 부모지만 나를 진정으로 알아준 사람은 포숙뿐이었다." 라고 했어요.

이와 같은 관중과 포숙의 이야기는 어떤 어려운 상황에서도 우정을 잃지 않는 진정한 친구 관계의 면모를 보여 줍니다.

내가 일이 술술 잘 풀리고 가진 것이 많을 때는 주변에 친구들이 많이 모여요. 반면 내가 힘들고 어려운 상황에 빠지면 주변에 있던 친구들이 썰물처럼 빠져나가 버리죠. 불리한 상황에 처한 사람을 도와주거나 편을 들면 자신도 똑같이 불리한 상황에 빠질까 봐 두려운 거지요.

　친구는 함께 어울려 놀기만 하는 사이가 아니에요. 기쁠 때나 슬플 때나 곁에 있어 주고 도움을 주는 사람이지요. 특히 내가 어려움에 처했을 때 내 편을 들어 줄 수 있는 사람이 진짜 친구예요.

　여러분은 친구의 어려움을 모른 척하지 마세요. 진짜 친구는 힘들고 어려운 상황에서도 나를 도와주고 위로해 줄 거예요. 그렇기 때문에 진짜 친구를 가진 사람은 그 무엇도 부럽지 않은 귀중한 보석을 가지고 있는 거랍니다.

★ 친구가 만들어 주는 1+1과 1-1

기쁨을 나누면 배가 되고 슬픔을 나누면 반이 된다는 말이 있어요. 친구는 우리의 기쁨과 슬픔을 함께 나눌 수 있는 사람이에요. 가족 외에 내 일을 자신의 일처럼 기뻐해 주고 슬퍼해 줄 사람은 친구밖에 없지요.

혹시 친구가 없어도 괜찮다고 생각하나요? 친구가 당장 물리쳐야 할 경쟁 상대로 여겨지나요?

친구는 평생을 함께 하며 우정을 나눌 수 있는 존재랍니다. 만약 친구가 없어도 혼자 잘 지낼 수 있을 거라고 생각한다면 앞으로 나에게 생길 수 있는 기쁘고 슬픈 일들을 함께 나누지 못하고 오롯이 혼자서 짊어지고 살아야 할 거예요.

친구는 꽤 특별한 관계예요. 태어날 때부터 정해진 부모나 형제자매 관계와 달리 오롯이 내 선택에 따라 맺어지는 관계니까요. 즉, 내가 선택할 수 있는 사회적 인간관계가 바로 친구로부터 시작되는 거지요.

어릴 적 친구를 사귄 경험은 성인이 되어 맺게 되는 다양한 사회적 관계들의 바탕이 된답니다. 친구들과 원만한 관계를 잘 유지했던 사람은 다른 사회적 관계도 잘 이끌어 갈 수 있지요. 또 친구들에게 공감을 잘하고 배려할 수 있었던 사람은 다른 사회적 관계에서도 리더 역할을 잘 해낼 수 있어요.

친구를 사귀고 관계를 유지하는 일이 당장은 어렵게 느껴질 수 있지만 친구가 나에게 주는 기쁨은 배가 되고 슬픔은 반이 되는 경험은 평생 동안 지속된답니다.